デジタル・ポピュリズム
操作される世論と民主主義

福田直子
Fukuda Naoko

目次

まえがき

最近、しばらく会っていなかった友人たちとミュンヘンのレストランで集まったとき、隣に座っていたローマ出身のイタリア人の友人と、難航しているイギリスのEU（欧州連合）離脱交渉やアメリカのトランプ政権の話題になった。

普段は穏やかな彼が険しい顔になって「EUの〝悪〟はドイツにほかならない。ギリシャ危機への対応は許せなかった。イタリア経済が窮しているのもすべてドイツのせいだ」と、吐き捨てるように言ったことに対してショックを覚えた。

「しかし……」と言いかけて、私は口をつぐんだ。そもそもギリシャはEUへの加盟規定を満たすために粉飾決算までしたではないか。ギリシャの債務問題は長年の政治的判断が招いたこととしてギリシャ側に問題はないのか。そう言ったところで、口論になるだけで彼の考えは変わらないだろう。

一体、彼はいつからこのようにはっきりとした「政治的見解」をもつようになったのか。

これまで彼が政治に関する意見を述べることはめったになかった。物理と経済学を学んだ彼だが、新聞もさして読まず、読書家でもないことを知っている。三〇年近くドイツに住み、弁護士の夫人はドイツ人で、二人の子どもたちは完全なバイリンガル、成績優秀ですくすくと育っている。郊外の家のローンも払い終え、ローマ郊外に夏の別邸も購入し、年間六週間の有給休暇をフルに活用して、すっかり満足しているのかと思っていた。

彼はこれまで政治に無関心を装っていたのだろうか。リーマンショックを引き金とした景気後退や難民問題などをきっかけに、世の中の不平等に怒りを覚えるようになったのだろうか。彼のニュースソースは何であろうか。逡巡（しゅんじゅん）しながらも訊（たず）ねたところ、たどり着いたのはネット上の「ニュース」であった。

「引退したらスペインに移住する。同じユーロ圏だし、いやだったらまたドイツに帰ってくる」とも言う。なんだ、そういうことか。ドイツを批判しておきながら、EUの恩恵は受けたいとは、何やら肩透かしをくったような感じだった。

一方、向かいに座っていたイギリス人の友人は、最近、イギリスの国籍を捨ててドイツの国籍を取得したという。四〇年以上ドイツに住み、ミュンヘン大学で計量心理学（サイコメトリックス。人間の心理を数値化する学問）の教授をしていた彼は、人種差別的で過激なシュプレヒコールを繰り返したEU離脱キャンペーンに幻滅し、「イギリス人をやめた」のであった。EU離脱が決まったあと、新たにドイツ国籍の取得を申請したドイツ在住のイギリス人が増えている。

「ドイツは過去に学んだ。この国ほど自由が保障されているところはない」という彼が日常、主なニュースソースとしている媒体は、英『ガーディアン紙』で、最近も寄付をしたらしい。『ガーディアン紙』はアメリカの『ニューヨークタイムズ紙』と並び、リベラル系で調査報道にも定評がある。

友人の小さな集まりの中だけでも政治に関する意見が真っ二つに分かれているとは、以前はあまりないことだった。

一体、何が起こっているのか。

大統領選挙出馬以来、ドナルド・トランプは「フェイク（偽）ニュース」という言葉を連発し、自分を批判するメディアを「フェイク」と切り捨てようとする。しかしながら、メディアの力をフルに活用して大統領に就任したトランプがある意味、最も重要視しているのは、一説によれば、口先では敵視しているはずの『ニューヨークタイムズ紙』であるという。

既成メディアの報道をことごとく「フェイク」として敵に回すことで、有権者に何が真実で、何がうそであるのかの区別をわかりにくくさせて混乱させ、単純な言葉で支持者をつなぎとめようとする一つの戦略であろう。

都合の悪い問題から目をそらすためか、大統領顧問のケリーアン・コンウェイはメジャーな媒体が報道しない「オルタナティブ・ファクト（もう一つの真実）」も存在するはずだと言った。アメリカの白人ナショナリズムの極右のリーダーは、自己の運動を「オルト・ライト（オルタナ右翼）」と改名し、「メディアは必ずうそをつく、彼らは〝リューゲンプレッセ〟（うそつきメディア）だ」と言ってはばからない。ドイツ語の「リューゲンプレッセ」という表現は、マスコミの威力を認識していたナチスの宣伝相ゲッベルスによって繰り返し使われた。この言葉は、ナチスが独裁体制を強化するために既成メディアを一掃し、党のプロパガンダ機関紙だけを認めた第三帝国時代をいやおうなく想起させる。

トランプは大統領に就任してからもツイッターを手放すことなく、一方的に発信できるツイッターを「最大の武器」とする。時には意味不明な言葉"covfefe"とツイートしたり、激しく非論理的な発言をしたりしても、熱心な支持者たちは「ツイッター大統領」から離れない。数年前まで決してメジャーではなかった「右派」がこれほど発言権を増したように見えるのは、単に時代が変化したためか。世界中でリベラル系が「負けている」ように見えるのはなぜか。グローバル化、さらにはリベラルな運動が過度になりすぎたためだろうか。

インターネットが普及する以前はどうであっただろうか。ネットにおける仮想現実の世界では実際の数以上に過激な意見が多く見られはしないだろうか。何よりも人々の偏見が強められる可能性はないだろうか。

デジタル技術が普及して誰もがネット利用者となり、発信者としてコメントができる時代になって、私たちの生活は大きく変わった。

デジタルテクノロジーは医療、警備、犯罪捜査、広告、マーケティング、金融界に大きな変化をもたらし、選挙キャンペーンや国民投票への関与など、民主主義の根本をゆるがしかねないまでに影響を与えるようになった。

スマートフォンの画面に表示される検索結果一つをとっても、プログラムされたアルゴリズム（情報処理の算法）が検索結果を選んで提示していることを、利用者である私たちは理解しているだろうか。ネット上では「何を表示して何を見せないか」、アルゴリズムによる「目に見えない動き」が絶え間なく作用している。

しかし、ネットがどこまで現実を変えているのか、正確に数値化して分析することは極めて困難だ。ネット上では、開発者さえ予想しなかったアルゴリズムの利用方法で、思わぬ影響がもたらされることもある。そして、個人のデジタル上の活動はビッグデータ（巨大なデータの集合）に収められ、いつどのように利用されているのかわからない。そんな時代が来ている。

本書では、まだ日本であまり問題視されていない、消費生活と政治に関するデジタルテクノロジーに注目し、どのような手法が使われているかを紹介するとともに、私たちがあたりまえのこととして受け入れている民主主義に対し、デジタル社会がおよぼす影響について考えてみたい。

第一章　ビッグデータは監視し、予測し、差別する

ビッグデータは「二一世紀の資源」

二〇〇九年、欧州委員会の欧州消費者問題担当委員、メグレナ・クネヴァは、ブリュッセルでの会合におけるスピーチの中で、「個人データは、インターネットの〝新しい石油〟、デジタル世界の〝新しい通貨〟」と言った。そして、個人データが売り買いされ、マイクロターゲット広告や不公平な価格の設定がされることなどについて警告し、なんらかの規制をもうけない限り、消費者が不利益をこうむることになると訴えた。

クネヴァは、「従来、インターネットは信用できないとしながらも、テクノロジーを使いこなす新しい世代の消費者が、歯止めのきいていないインターネットにより、ダメージ

をこうむる可能性が高い。この状況でインターネットを使い続けることは、少々、毒が混入していると知りつつ、毒入りの水を飲み続けるようなもの」ということを強調した。

データ分析の原料となる「生の情報」は、経済を稼働させる燃料、「二一世紀の石油」、と言われるようになった。ビッグデータは、データ量が多ければ多いほど有効性が高まり、分析結果や予測がより正確になるからだ。

かつてアナログ時代にも、企業にとって顧客となりそうな人のリストをつくって売る「情報屋」がいた。情報屋が集めた名簿リストを購入した企業が自宅に電話をかけてきて、高齢者には「お墓を買いませんか」と勧誘し、若い女性には「エステにいらっしゃいませんか」と勧誘する。デジタル時代以前であれば、家族構成や年齢など、雑誌や新聞は何を購読しているのか、車は何に乗っているか、過去に破産したことがあるかなど、集められる情報は限られていた。

しかし、いまは違う。ポイントカードやクレジットカードをどこでどのように使ったかなど消費活動をモニターされるほか、健康アプリケーションからは健康状態、スポーツクラブはどこに入っているのか、ネットでどのサイトを見て、どういったニュースサイトを読み、どのサイトを何秒見ていたかまで、デジタル上の行動を通して集められる個人データがすべてかき集められている。それとともに、「データブローカー」が売り買いする個人データの量も桁違いとなった。

現金利用が少なくなり、ネット注文や、クレジットカードやメンバーズカードでの購買が一般的となった国では、消費者の行動を追跡、集積しやすくなった。それとともに、データブローカーという新しい産業が盛んになり、膨大なデジタル情報から顧客リストをつくり上げている。

データブローカーの大手では、アクシオム社、データロジックス社、エプシロン社、エクスペリアン社などと、いずれも聞いたこともないような会社名が急成長した。消費者保護を専門とする弁護士によれば、アメリカのデータブローカーの大手、アクシオム社は、世界人口の一〇%のデータ、年間五〇〇〇兆件の消費活動データを保有しているといわれる。

アクシオム社は、一九六九年、デモグラフィックス社として選挙キャンペーンで有権者にダイレクトメールを送るためのリストづくりからスタートし、一九八九年に社名を変えた。同社は一九九〇年代からコンピューターの専門家を雇うことで個人データの集積を進め、一九九三年から一九九八年のわずか五年間に売り上げを四倍に増やすことができた。二〇〇〇年ごろからブラウザーのホームページへのアクセスを端末に記憶させるトラッキングボット「クッキー」をブラウザーに送り込むことで、閲覧履歴、いわば「デジタル足跡」の分析を精力的に行い、事業の拡大を進めてきた。

データブローカーは、企業の関心事に応じて、個人データをビッグデータから抽出してパッケージングし、売り買いしている。しかも、すべて利用者が気がつかないうちに行われ、どの情報がどう売られ、どのように転用されているかは不透明だ。

ビッグデータとは何か

では、ビッグデータとは何か。グーグル社の元研究員、セス・スティーヴンズ゠ダヴィッドヴィッツの言葉を借りるとして一番わかりやすいたとえは、「おばあちゃんの知恵」である。これもある意味でビッグデータであった。

現代人は、日々、同居する「おばあちゃんの知恵」と接することがなくなったかもしれない。しかし、かつて高齢者は、豊富な人生経験から教訓や知恵を孫などに教えてくれたものだった。数多くの夫婦やカップルを見てきた経験から、たとえば、誰と誰との相性はよいとか、合わないからやめたほうがいいとか、つみあげられた知識（データ）から予測をし、案外、その予測はあたったものだった。

「おばあちゃんの知恵」のように、基本的にビッグデータの効用は、知識や情報から意味のあるパターンを見出して予測をすることだ。むろん、「おばあちゃんの知恵」には偏見もあった。ビッグデータとて、人間が分析したり、機械学習のアルゴリズムを編み出したりするのだから、偏見や偏りがないわけではない。

ビッグデータ分析は、選挙キャンペーンや企業のマーケティングで欠かすことができなくなった。大量の情報を集積したビッグデータを分析し、「予測をする」ことは、金融、保険、医療、災害予報や犯罪防止など、すでにさまざまな分野で行われている。

年齢や性別、住所など、従来の個人データに加え、オフライン・オンラインの消費活動、ブラウザー閲覧履歴、ソーシャルメディアなどから、かつてないほどデジタル化された個人データが集積され、それが抽出され、加工され、売買され、分析される。市場調査会社のＩＤＣによれば、世界のデジタルデータ生成総量は、二〇二五年には二〇一六年比で約一〇倍の規模（一六三兆ＧＢ）という、想像もできないほどの量になると予測されている。

データサイエンティストは花形職業

もっとも、「データの山」さえあればいいというわけではない。集められた「生のデータ」は、「原料」であってそれだけでは意味がない。とてつもない量であることもさることながら、巨大になったデータを分析して意味のある解釈をしない限り、「宝のもちぐされ」となってしまう。

巨大なデータから不要なデータを省き、重複を避けて解析し、価値のあるものにするのがデータサイエンティストだ。彼らに求められるのは、コンピューターの知識だけでなく、データの中に意味を見出すクリエイティブな「発想の力」である。

一九八〇年代、九〇年代にはＭＢＡ（経営学修士）が花形職種への切り札ということで人気であったが、二一世紀はデータサイエンティストたちが引く手あまたである。では実際にデータサイエンティストたちに求められる技術的な能力とは何か。

データサイエンティストは、「データの海を泳いで」必要な「原料」を抽出し、それをもとに「発見」をしなければならない。そのためにはＪａｖａなど基本プログラミングができることはもちろん、機械学習に使用される言語（Python、scikit-learn、R、SQLなど）の知識を備え、大規模なデータの分散処理を〝Hadoop〟（データの分散処理をするため、最も頻繁に使われているフレームワーク）で使いこなすことが前提条件とされる。さらに、リナックスやほかのオープンソース、クラウドコンピューティングを駆使して、一定のデータから意味のある解析を導きだすデータビジュアライゼーション（情報の可視化）の能力が問われる。数学、統計学、物理の知識もあれば強みといわれ、統計学、プログラミングの応用スキルに加え、「物語を語る能力」が要求される。部屋に籠もってコンピューターの能力を磨くだけでなく、コミュニケーション力も重視される。

データサイエンティストの研究材料、「ビッグデータの鉱山」は増えるばかりである。「ネットでつながっている機器」から抽出されるビッグデータは生データであって、まず「採掘」されなければならない。デスクトップのコンピューター、スマホ、タブレット、ラップトップはもちろん、ＡＲデバイス（Augmented Reality = 拡張現実機器）、健康アプリケーションのデバイス、そして今後、一般家庭に普及するかが注目されるＩｏＴ

（Internet of Things＝モノのインターネット）など、あらゆる「つながっているもの」から、生データは抽出される。

現在、世界には一〇億から三〇億のスマホがあるといわれているが、IoTでつながっている機器は、まだ普及し始めたばかりというにもかかわらず、すでに一七三億点あると推定される。それが、二〇二〇年ごろには二五〇億点あるいは、三〇〇億点以上にもなるといわれている。そのころのデータ量は二〇一二年の五〇倍になるという予測だ。

世界中がビッグデータを「抽出・分析・精錬」することで、ビジネスにつなげようと、データの確保に躍起になっている。

ソーシャルメディアから流出する膨大な個人データ

二〇〇四年に登場したフェイスブックは、いまや「ソーシャルメディアのおじいちゃん」と呼ばれるだけあって、SNSの世界では、いささか「古く」なりつつあるようだ。

北米（アメリカ・カナダ）で利用者の数が飽和点に到達したのか、現在、利用者の大半が北米以外の地域に住むという。フェイスブックは北米でこれ以上利用者数は伸びないことを想定し、市場をひろげるために精力的にアジアへ進出している。後述するように、限定的なサイトばかりをフェイスブックが選別してパッケージとし、無料でネットへのアクセスを提供するという「フリーベーシックス」のインドでの導入（二〇一ページ）には失敗したが、東南アジアでは利用者が増加した。フェイスブックは「友達記念日」や「何年前の思い出」などをフィードに繰り返しアップロードすることで、利用者が飽きずになるべく長い時間をフェイスブックで「過ごしてもらう」ため、そして、投資家にアピールするため、常に新しいアルゴリズムを開発している。

また、ツイッターの利用者数も伸び悩み、アメリカ大統領選挙や大きなテロ、突発的な事件発生時以外には利用者が減る傾向にあるようだ。ドナルド・トランプをホワイトハウスに送り込むことに貢献したといわれるツイッターは、一時的な「トランプ効果」によって二〇〇万人が新たに登録したとはいえ、その後は広告収入減であるという。

とはいえ、フェイスブックとツイッター、この二つのソーシャルメディアのほか、インスタグラム（親会社はフェイスブック）、タンブラー、リンクトイン、スナップチャット、そのほか次々にあらわれるソーシャルメディアから個人が発する情報は、ビッグデータをより大きくしている。

では、ソーシャルメディアが発信するデータ量はどのくらい増えているか。たとえば、現在、一日に発信されるデータは、二〇〇二年、一年分のデータに相当するという。

毎日、五億のツイートが、四七億五〇〇〇万のフェイスブックのシェアが行われている。日々、押される「いいね！」ボタン、書き込み、写真やビデオのアップロードなどの数は、膨大だ。

今日、世界中でソーシャルメディアを利用しているのは二八億人。個人データの四三％がソーシャルメディアから抽出されているといわれる。それらの情報はすべてビッグデータの「生データ」として巨大な規模で集積されている。

近未来を予測するソーシャルメディアトラッキング

今日、フェイスブックなしではビジネスも成り立たない。個人営業のレストランやカフェは必ずといってよいほどフェイスブックのサイトがある。新聞や雑誌などに広告を出すよりはるかに広範囲、しかも多くの人々の目に入る。催し物のお知らせや広告を基本的に無料で出す、格好の「掲示板」の役割を担っている。

なお、若者のあいだではフェイスブック離れが進みつつあり、代わりにスナップチャットやインスタグラムなど、新たに参入した写真が中心のソーシャルメディアが人気だ。もっとも、インスタグラムは二〇一二年にフェイスブックによって買収された。フェイスブックは一〇代に人気のスナップチャットも買収しようとしたが、拒否されたため、似たアプリケーションを開発している。近年、起業で成功、注目されるＩＴ企業は大企業に成長する前に、フェイスブック、アップル、アマゾン、マイクロソフトといった巨大企業に買収されがちで、巨大ＩＴ企業の寡占が問題視されている。

一方、ネットが普及するまで、社会の動き、人々の心の中を分析する社会科学という分野は「科学」と称されているにもかかわらず、どちらかというと抽象的であった。しかし、いわゆる「コンピューティングソーシャルサイエンス」、数理社会科学によるソーシャルメディアのトラッキング（追跡）によって、社会科学の分野にも革新的な変化がもたらされた。

たとえば、二〇一六年のアメリカ大統領選挙では、多くの既成メディアの予測調査が外れた一方で、ソーシャルメディアを分析していた研究ではトランプへの支持率が高いことが示されていた。

また、イギリス中部にあるラフボロー大学の情報経営学センターの研究チームは、二〇一三年からソーシャルメディアにおける「エモーション（感情）」表現を分析モデルとして研究を続けている。研究は、ツイッターで発信されたツイートの言語表現を、怒り、幻滅、不安、喜び、悲しみ、驚き、恥、混乱の八つの感情表現に分類した。ツイッターで発信されるリアルタイムのツイートは、イギリス英語、アメリカ英語、カナダ英語に対応し、それぞれに頻繁に使われるスラング（口語）も分析できるようプログラムされた。

一秒に二〇〇〇のツイッター発信をスキャンし、瞬時に分析するこの画期的なプログラムは、その名も"emotion"という言葉にちなんで"Emotive"と名づけられた。

ほかにもソーシャルメディア分析の効用として、特定の地域の群衆が過激なデモへと発展することを事前に察知し、それに応じて警察官を緊急出動させる準備をし、公共の安全を保つ犯罪防止策があげられる。大量のソーシャルメディアの動きで、暴動の予測と予防がある程度、できるようになった。

これまで「ソーシャルサイエンス（社会科学）」といえば、完全に文系の学問であり、何が「科学」であるのかという疑問があったが、カリフォルニア工科大学のマイケル・アルヴァレズ教授が指摘するまでもなく、デジタル社会の到来とビッグデータの活用によって、社会科学は、本当の「科学」になった。それとともに社会学者や政治学者にも従来の文系的知識だけでなく、コンピューター分析の最低限の能力が求められるようになってきている。また、アメリカの大学院ではジャーナリズム学科にデータジャーナリズムのコースを、法科大学院でもビッグデータ関連の講義をもうけている。文系だからといって、データ分析を避けて通るわけにはいかなくなってきている。

グーグル検索が語る無意識のメッセージ

アメリカに比べて、ヨーロッパ諸国では、個人データの保護が厳しい。しかし、コンサルティング会社のＰｗＣ社が二〇〇社を調査したところ、個人データの保護が厳しいドイツでも、四社のうち三社が個人データを売り、調査対象の七四％の企業が企業同士で「データをシェア」していると判明した。

集められたビッグデータの最大の効用は、「先読み」である。消費者の過去の消費行動から何に関心があってどういう嗜好をもつかということを分析し、次の行動を予測する。日々、何げなく押しているクリックがすべて分析され、将来、銀行のローンを組むとき、あるいは保険料を計算するとき、利用者の知らないうちに個人の行動がビッグデータをもとに分析される。その結果、なぜローンが受けられなかったのか、あるいは、なぜ保険料が想定以上に高く設定されたのか、その理由さえわからないという事態が起こるかもしれない。

いまやネット活動やソーシャルメディアから個人データがふんだんに得られるようになったことで、ネット利用者がネットで使う言葉や文章からも、本人が知らないうちに多くのデータが分析されている。

グーグル社でデータサイエンティストとして働いていたセス・スティーヴンズ＝ダヴィッドヴィッツは、グーグル検索について興味深い調査結果を出している。グーグル検索における検索の言葉や順序が「人の心のうちを語っている」というのだ。

スティーヴンズ＝ダヴィッドヴィッツがグーグル検索について最初に研究したのが、二〇〇八年のアメリカ大統領選挙であった。世界は、アメリカに初の黒人の大統領バラク・オバマが生まれたことで、人種差別が克服されたような錯覚に陥りはしなかっただろうか。しかし、そのころ、グーグルでは、「黒人の大統領」ではなく、黒人の蔑称「ニガー」という検索が七〇〇万件あったという。それは、あからさまな人種差別が残る南部の州だけでなく、北部の州に住む人による検索でも多くみとめられ、黒人に対する差別意識は、人々の心に根深いことが判明した。

グーグル検索では、一見、中立的に見える言葉からも多くがわかるという。たとえば、選挙戦で、「オバマ、ロムニー」と検索したとする。どういった政策、スローガンを掲げているかを調べようとしているかに見える二つの言葉の検索で「オバマ、ロムニー」と検索した人は、大抵の場合、オバマに投票し、「ロムニー、オバマ」と検索した人は、ロムニーに投票した。無意識のうちに、最初に入力した名前のほうが好意的に意識されていたということである。

かつて、紙のアンケートで一般市民に答えてもらった時代には、個人が心に秘めている偏見について答える必要がなかった。ソーシャルメディアでも完全に匿名でない場合は、自分を少しだけよく見せる傾向にあるという。特に基本的に本名で登録されているフェイスブックでは、「すました自分」を見せがちである。

しかし、グーグル検索は違う。スティーヴンズ＝ダヴィッドヴィッツは、「人が言うことは完全に信用することはできない。しかし、実際の行動は真実を語っている」ということを、グーグル検索の分析から汲み取った。

スティーヴンズ＝ダヴィッドヴィッツは、ソーシャルメディア上のシェア、「いいね！」ボタン、プロフィールなど自分をよりよく見せようとする「デジタルのうそ」と、検索、ウェブサイトのページビューの数、クリック、スワイプ数という「デジタルの真実」とを、区別する。ソーシャルメディアでは、うそがつかれることが多いが、検索はうそをつかないという。

スティーヴンズ＝ダヴィッドヴィッツは、「ネットは、顕微鏡や望遠鏡が自然科学を激変させたように、社会科学の手法を刷新」したという。そして現代の経済学、社会学、政治学、計量心理学の分野は、すべてビッグデータのおかげで新たな「科学」となったという。

アルゴリズムによる不平等な価格

ネット上の行動から集められた情報が、どのように使われているか、ある例を見てみよう。

すでに多くの航空会社は、利用者の過去の購入履歴、ネット行動やブラウザー履歴などから独自開発した人工知能（AI）の「ボット（Bot＝自動化されたアプリケーション）」で料金を提示しているという。たとえば、利用者が何回も閲覧しているうちに、ボットが「これはきっと、購入しようと思っている」と判断し、少し高めの価格を提示したりする。一方、利用者は「前に見たときは安めだったけれど、仕方ない」としぶしぶ買うかもしれない。

これは「このぐらいであれば払うだろう」という価格が利用者ごとに個別に設定されてしまうネット上の「価格個別化」である。つまり、ブラウザー履歴からすると何回も価格のサイトを見ているので、「この消費者はどうしても買いたがっている」と判断され、「やや高めの価格であっても買うだろう」と「価格が予測」される。これは消費者にとって有利にならず、サービス提供者や商品を売る側が有利となる。

価格がどう設定されるか、アルゴリズムがどうプログラムされ、どの情報からどのように決定されるかの詳細は、消費者には一切知らされない。むろん、法外な値段を押しつけることはできないかもしれないが、少しずつ価格を変えれば消費者は気がつかないかもしれない。

売る側は、同じ消費者が長年、繰り返し購入してくれた場合の「消費者の生涯価値」をアルゴリズムで計算、予測しているといわれる。そこでたとえばスーパーマーケットであれば、過去の購買記録や行動で、購買活動を予測し、時々、クーポン券や優待券などを送り、「得した気分」を助長することで、引き続き同じ店やウェブサイトで購入し続けるように誘導するだろう。

このような「価格の個別化」が、顧客の購買意欲に応じて価格を変えて収益をあげる「ダイナミックプライシング」である。このネーミングだけを聞けば、何やら近未来的で、「価格不平等化」は見えてこない。しかし、これは消費者にとって極めて不平等な資本主義の到来を意味している。もし、こういった「ダイナミックプライシング」が生活全般で一般化するとどうであろうか。

ネット社会では定価がなくなる

「価格の個別化」はカジノと同様、ビッグデータとアルゴリズムを把握している側だけが「勝つ仕組み」となっている。

カジノ経営者たちは、ギャンブルに来る利用者たちがどのように行動し、どこまで掛け金を失うことができるか、どの時点で「限界点」となるのか、多くのデータから分析している。カジノとしては、収益を最大にすることが目的であるとはいえ、利用者を常に負かして賭け金を吸い上げていてばかりでは誰も来なくなってしまう。カジノにとっても利用者がある程度楽しみ、再び店にやってくることは必要なわけで、勝ち負けを最適化することが重点となる。

ドイツの都市カールスルーエで二〇〇八年に設立されたIT企業のブルーヨンダー社は、「価格最適化によって売り上げを五～八％増やせます」との謳(うた)い文句で、薄利多売の小売業に自社が開発したソフトウェアをアピールしている。同社は元CERN(セルン)（欧州原子核研究機構）の物理学者、ミヒャエル・ファイントが設立した会社だ。

ネット利用者がネットのブラウザー履歴を残さない努力をしたとしても、同社の価格管理ソフトは、顧客の消費行動に関する大量のデータをデータブローカーから購入し、住んでいる地域など個人データを加えて分析し、最寄りのスーパーマーケットがどのくらい離れた距離にあるかなども価格個別化のデータとして加えている。価格管理ソフトは、たとえば、顧客の住んでいる位置とスーパーマーケットへの距離を考慮して、ネット購入を促す方向へと価格を個別に設定するかもしれない。一般に、高収入の利用者にはまるで所得税の累進課税のように、支払価格が高めに設定される可能性は高い。しかし、たとえば働きながら三人の子どもを育てる母親や親を介護している介護者など、時間に余裕のない者にとってネット購入は便利な手段で実店舗へ買いにいく時間と労力が省けるため、高めの価格でも目をつぶって購入してしまうかもしれない。

消費者は、ほかの消費者がコンピューター画面でどのくらいの価格を表示されているか比べることがなかなかできないので、自分の価格が不公平であるか否かもわからない。

つまり、ビッグデータとアルゴリズムを応用したデジタル資本主義のもとでは、顧客ごとに価格が設定、提供される可能性がある。ネット購入ではこうした「価格の個別化」が進められることで、商品やサービスの「定価」というものが存在しなくなる恐れが出てくるかもしれない。

もっとも、「定価」は、主として西欧諸国をはじめとした先進国でこの一〇〇年間に定着したものだ。「定価」がなかった時代には、売り手が考えた価格に対し、買い手は「それでは高い。このぐらいまけてくれないか」と出る。すると売り手は「そんなにまけられないが、これくらいでどうだ」と仕掛けてくる。「値切り」することを一種のゲームのように楽しんでいたころは時間の余裕があった。大量消費時代が進む中で、定価は買い手との値切り交渉の時間を節約した。また「セール」は在庫を売り切ることで売る側の手間を省いた。しかも、季節が変わる前の「セール」で、消費者は定価より安く買えたと、何やら得したような満足感を得ることができるようになった。

サービス業界が顧客を「レーティング」

スマホアプリケーションサービスでタクシーに代わるサービスを提供する「ウーバー」

は、ニューヨークやロンドンで普通のタクシーより清潔で早く、価格も安めということで急速に広まり、タクシー業界の強力なライバルとなった。

スマホのアプリケーションとGPSで自分の位置を知らせ、簡単に車を呼べるということで流行ったウーバーだが、それが難点ともなった。ウーバーは「ゴッドビュー(神様の見地)」というアプリケーションで、客が車から降りたあとも、どこへ行くか、追跡していたのだ。そうして追跡された有名人もいる。

さらにウーバーはスマホから集めた顧客のデータを用い、客層や住んでいる場所などに応じて「顧客レーティングスコア」を作成して客の評価をしている。つまり、客がホテルやレストランのレーティング(評価付け)を五段階で評価するのと同様、サービスを提供する側が顧客を「レーティング」している。

ニューヨークに三〇年住むAさんはあるとき、ウーバーのドライバーから「あなたのレーティングは低い。もし私を高くレーティングしてくれた場合、あなたのレーティングを高くしておきます」と「取り引き」をもちかけられた。Aさんは過去に、態度の悪いドライバーに文句を言ったり、とんでもない道順を走ったドライバーを非難したりと、ちょっとした「クレーマー」だった。もっとも、それぐらいのことを言うのはサービスを受ける側としてはあたりまえではないだろうか。

一方、ドライバーにとって行儀が悪い顧客、あるいは「過去に問題のあった」顧客で、レーティングが極端に低い場合は、当然、対応も悪くなる。ウーバーを呼んでもすぐにピックアップされないこともあるだろう。ラジオの音量を下げろとか窓を閉めてくれとか単に頼んだだけの場合でも、ドライバーの気にさわれば低くレーティングされてしまうかもしれない。

監視国家もできなかったデータ集積

さて、ネット利用者の個人データは、実際にどのように集められているのだろうか。

ニューヨーク在住のテクノロジーライターのジュリア・アングウィンは、約二〇〇社のデータブローカーのうち一三社、またグーグル、フェイスブック、ツイッター、さらに政府関連機関に自分に関するデータがどの程度、集められているのかを問い合わせ、回答を得ることができた。中には情報提供を渋ったり、手数料を求められたりしたところもあったが、それぞれにおびただしい量の個人データを把握していたことがわかった。アングウィンが得た自分に関する個人データから、政府、民間企業、ソーシャルメディアによる「監視」がどのように進められているかは、著書『ドラグネット 監視網社会――オンライン・プライバシーの守り方』（邦訳は二〇一五年）に詳しく述べられている。ドラグネットとは、直訳すれば「底引き網」を意味し、すくい上げられる情報はなんでも引き上げ、ビッグデータに保存されていることを指す。

アングウィンによれば、自分の個人データが膨大に集積されていることは知っていたものの、それは予想以上のものであった。特にグーグル（検索とグーグル電子メール）、フェイスブック、ツイッターは過去数年間、自分が書いたメモや日記など、ひと昔前に旧東ドイツの秘密警察シュタージが保有していたファイルなどと比べてもはるかに多くの「情報」を蓄積していた。ツイッターでは「自分の記録を閲覧リクエストする」というアイコンをクリックすることで、ツイッターに登録した二〇〇八年からの二九九三のツイートもすべてエクセルシートに表示された。

データブローカーが保有していた個人データはまちまちで、それぞれに記録のされ方、分析結果がややずれていたものもあったが、ほとんどが正確であったという。大学時代にさかのぼり、住所や電話番号のリストもすべてデータブローカーのデータバンクに記録されていた。あるデータブローカーは、アングウィンに関する情報として三四ページにわたる「サマリー」と、八ページの「包括」レポートを送ってくれたが、そこには車のナンバー、住宅ローンや雇用先に関する詳細な情報も記載されていた。なお、このデータブローカーは住所の情報源が信用調査機関であることを唯一、明記していた。

ソーシャルメディア、政府関連機関、データブローカーから得た自分の情報を要約すると、家族は義理の兄弟を含めほとんどすべての親族の名前、過去七年間に電子メールを交換した約三〇〇〇人分の電子メールアドレス、毎月二万六〇〇〇件分のネット上での検索記録（七年間分、しかもテーマごとに分類）、買い物の習慣、雇い主（当時はウォールストリートジャーナル）とのメールでの取材計画や出張記録などまで、すべて把握されていた。前述した大手アクシオム社は、消費者をプロフィールに応じて二一のグループに分け、さらに七〇の細かい小グループに分け、「成功している家族タイプ」、「敏捷な都会派」、「田舎のローバー（車を乗り回す）タイプ」、「贅沢（ぜいたく）ライフスタイル派」、などと名前をつけていたという。

アングウィンが特に驚いたのは、データブローカーの「派生産業」ともいえる「データによる消費者レーティング」会社の存在であった。

起業から間もないある消費者レーティング会社は、普通の企業とは「ちょっと違ったデータ分析を提供する」ことを売り物に、消費者に関する新しい分析をしているということであった。その会社は、従来の個人データのほか、スマホからの情報で人格や習性を分析、さらにツイートやフェイスブックの書き込みなどから「影響力のある人物かどうか」なども分析し、消費者をレーティングする。それによって、カード会社がどのようなサービスを提供してアプローチするべきか、また、クレジットカード保有者として、「将来性があるかどうか」をビッグデータで分析し、レーティングしていた。

アメリカではデータ産業への規制が緩い。二〇一一年、ウィーンの法学部の学生、マックス・シュレムズは、フェイスブックが欧州プライバシー法に反し、EUの個人データ保護をめぐる規則を守っていないと主張。フェイスブックに自分に関するデータを請求したところ、一二二二ページにわたる膨大な個人データが送られてきたという。消去したはずの記録を含め、シュレムズがアカウント上で行ったすべての行動記録がフェイスブックのサーバーにセーブされていた。拒否した友達リクエストや友達リストから外した人名、消したはずの写真や書き込みのアップデートがすべてフェイスブックのデータバンクに記録されていたのだ。これは、人と人との複雑なつながりを解明することに心血を注いだ旧東ドイツ政権の「監視国家」が理想とした、テクノロジーによる監視ではないだろうか。

かつて、「監視国家」として知られた旧東ドイツの社会主義政府は、一種の「人海戦術」で市民を監視していた。郵便物を蒸気で湿らせて開封して読む（そのあとは閉じて送付）、監視対象の人物の自宅のあちこちにマイクを設置し、電話も盗聴、そして密告者による報告である。監視をしたい対象がいると、近しい人あるいは隣人などの小さな秘密、たとえば西ドイツのテレビを見ていたとか、些細（ささい）な「秘密」を握り、協力しなければ「好ましくないことが起こる」と脅すことで密告者にした。五〇人に一人は直接・間接的にシュタージに協力し、一六七〇万人の東ドイツ人のうち四〇〇万人について個人ファイルがつくられていたというから、国民の約四分の一が監視されていたことになる。しかし、シュタージの方法は極めて非効率的で、東ドイツの崩壊を予測できなかったことから見ても、現在のビッグデータ分析には到底、およばなかった。何よりも、シュタージは、人と人とがどうつながっているか、すべてを把握することはできなかった。

ところが、デジタル時代における市民の個人データはシュタージでさえ想像ができなかったほどふんだんになった。たわいのないソーシャルメディアの書き込みや、パーティーの写真などを集積されても別に問題ない、と普通は思うかもしれない。しかし、何げないネット上での活動がどのように使われているのか、利用者には知りえないことが、デジタルデバイスを使うことの問題点なのかもしれない。

ソーシャルメディアを利用して、市民は極めて個人的な意見や写真をアップロードしている。一方、ネット専門家はまるで絵葉書を読むように電子メールすら開けることができるようになり、スマホからも膨大な個人データが得られるようになった。かつてシュタージが夢に見ただろう、「人脈の膨大な分布図」までつくることをビッグデータは可能にした。

プライバシーを守る方法はあるのか

ブラウザー履歴をはじめ、ネット上の行動から個人データが集積され、分析されたり転売されているとなると、利用者としては、ネットに対して警戒心を抱かざるをえない。

それにも増して最近、よりアグレッシブになるネット上の広告は目障りでもある。一度、買い物のサイトを閲覧すると、別のサイトへ移動しても同じ広告が追いかけてくるかのように、先ほど見た広告が執拗について回る。デジタル追跡されないために、何か良い方法はないだろうか。

手はじめとして、「DuckDuck Go（ダックダックゴー）」の利用から始めてみた。ダックダックゴーは、グーグル検索と同様、検索エンジンで、プライバシー保護を非常に重要視している。

ダックダックゴーのサイトを開くと、アヒルの絵とともに画面右上に見えるメッセージにはこうある。

ダックダックゴーに乗り替え、プライバシーを取り戻そう。

1　私たちはあなたの個人データを保存しません。

2　広告で追跡しません。
3　私たちはあなた（のブラウザー履歴）を追跡しません。絶対に。

英語のDuckは、アヒルという意味のほかに、伏せるという意味もあるため、「ネット上で見えないように伏せる」という意味も含む。ダックダックゴーのサイトへ行くため、まずグーグルで検索しなくてはならないのは皮肉だが、ためしに同じ質問をグーグルとダックダックゴーで比べてみた。「ツイートのうち、ボットはどのくらいあるか」という文章を入れて検索してみた。

ダックダックゴーの検索ランキングでは、

1　ツイッターの一七の最良ボット……クォーツ
2　コードなしでツイッターで自分のボットをつくる方法
3　ツイッターでボットと思われるツイートはどのぐらいあるのか……クォーラ
4　ツイートの二四%はボット

5　あなたのツイッターのフォロワーのどのくらいがボットなのか

といった結果が表示された。

一方、グーグルでのランキングでは、

1　ある研究によればツイッター・アカウントの四八〇〇万はボット……ＣＮＢＣ
2　ツイッターの偽アカウントが大規模なネットワークで発見……ＢＢＣ
3　ツイッターボット……ウィキペディア
4　ツイッターオーディット……あなたのフォロワーのうち、本物は？
5　ツイッターアカウントのうちボットとスパムはどのくらいあるか？

といった結果だった。

二つの検索エンジンを比べてみると、グーグルの検索のほうが最も知りたい答えを順序よく並べてくれる。ダックダックゴーの場合は、利用者の「住所」であるＩＰアドレスも追跡しない。また、過去に何を検索し、どこでクリックしたかというブラウザー履歴も記録されないはずだ。より多くの個人データを集めたほうがより正確に検索結果に反映できることを考えると、利用者の個人データ量がより少ないダックダックゴーの検索結果は、グーグル検索の便利さにすっかり慣れてしまった利用者にとってもの足りなく感じられるかもしれない。プライバシーと引き換えに便利さを優先するか、あるいはプライバシーを守るためにある程度、便利さを犠牲にするか、どちらかの選択ということだろうか。

ダックダックゴーを使い始めて、私自身、いかにグーグル検索に慣れてしまっていたかを実感した。二〇年以上前は、アルタヴィスタやヤフーなど、ほかの検索エンジンも利用したが、グーグルが普及し始めて以来、使いやすさと検索結果がよいため、いつのまにかすっかりグーグルに頼るようになっていた。それとともに「検索怠惰」になってしまったのだ。

ダックダックゴーは、アメリカの諜報(ちょうほう)機関である国家安全保障局（ＮＳＡ）が一般市民を監視してプライバシーが侵害されているとエドワード・スノーデンが警告して以来、注目され、人気が高まった。ダックダックゴーはブラウザー履歴の追跡をしない（といわれる）し、それゆえむやみに広告が出ないため、プライバシーを守り、広告にわずらわされたくないユーザーには適しているのかもしれない。しかし、地図に関して、グーグルマップ以上に優るものが見つかるだろうか。

皮肉なことに、ダックダックゴーで「地図」と入力すると、グーグルマップが最上位で検索される。二番目に〝Map Quest〟次に〝Bing Maps〟という地図サイトが検索された。グーグルマップにすっかり慣れてしまったユーザーにとって、「新しい地図」に慣れるまでには時間がかかりそうだ。

家庭のプライバシーを監視する「スマート人形」

つい最近まで、ネット接続で通常のデバイスといえば、デスクトップ、ラップトップコンピューターであった。それが、タブレットやスマホの登場で、大量の個人データが発信されているにもかかわらず、ほとんどの人が便利さを優先し、個人データの流出には目をつぶっている。

しかし、従来のネット接続のデバイスのほか、「バーチャルアシスタント」をはじめ、家電製品やスマートハウスが加わり、世界はＩｏＴの時代へと突入している。

アメリカの諜報機関がいかに市民を監視しているかというスノーデンの警告の中で、スマホはスイッチを切っていても、外部から録音デバイスを「オン」にして監視することができると伝えられたことはショッキングであった。しかし、ＩｏＴが可能にする「監視」は、これまでとは比較にならないほど広域になると思われる。

アメリカで開発された初のしゃべるスマート人形「ケイラ」はどこにでもある人形に見えた。しかし、ドイツの連邦ネットワーク規制庁（Bundesnetzagentur）は、ドイツでの発売から三年後、「ケイラ」は「監視人形」であるとして、購入者に破棄するよう呼びかけた。

理由は、常にネットにつながっているスマート人形「ケイラ」が、家族の会話を無断でサーバーに送っている（つまり録音している）ということであった。家族の日常を監視していたことが、「スパイ活動」に相当し、ドイツの個人情報保護法に抵触した。

「ケイラ」は、音声認識をし、アンドロイドＯＳあるいはｉＯＳを搭載し、グーグル翻訳機とネットを駆使して、子どもの言うことを認識し、ネットを検索して適当な答えを返してくる。お友達としゃべる感覚で反応する人形だ。開発者のボッブ・デルプリンサイプは、

「彼女は検索エンジンではない、普通の七歳の女の子だ」と言ったほど「お利口」だ。「ケイラ」は、家族構成のほか、好きな食べ物はピザ、好きな歌手はケイティ・ペリー、好きな映画は（版権の問題が出ない）サウンド・オブ・ミュージックと、プログラムされている。

たとえば、

「お友達になりましょう！」と子どもが言うと、

「あら、もうお友達じゃない」といかにも七歳の女の子らしい答えをする。

「インドの首都はどこ？」と聞くと、

「あ、答えは知っているわ」（と、検索しているあいだの時間稼ぎをして）

「ニューデリー！」と答える。

「君は女の子？」と聞けば、

「ひょっとしてめがねが必要じゃない？　もちろん、私は女の子よ」などと、ユーモアさえ交えて答えることもできる。

「○○が好き？」と聞くと、

「そうね、時々。でもいつもではないわ」

「ケイラ」はいつも「オン状態」で、質問されるまで待機しているため、その間、周囲一〇m範囲内で交わされる会話が音声認識の技術を提供している企業のサーバーに送信されていたという。

なお、「ケイラ」は、ハッキングされる可能性が大きく、第三者に盗聴される可能性が高いということでも問題となった。「ケイラ」に内蔵されているブルートゥースのデバイスが、ハッキングされやすいという。「ケイラ」に対しては、アメリカやEUの消費者団体からも苦情が出ている。

誰のためのIoT？

「ケイラ」は一つの例にすぎない。しゃべるスマート人形が出た二〇一四年ころは、ネットにつながった家電製品の珍しさで試してみたいと思う人も多かっただろう。しかし、本来のネットデバイス以外に、家電製品がネットにつながるということは何を意味しているのだろうか。家電製品をすべてネットにつなげたり、家自体をコンピューターで集中管理されたスマートホームにすることには、どのようなリスクがあるのだろうか。

二〇〇〇年には世界人口の一〇％がネットにつながっていたが、二〇一八年には世界の半分以上の人がなんらかの形で「つながる」ことになるという。それとともに、これまでにも増して個人データが流出する恐れがある。また、家電製品は、通常のネットデバイスよりセキュリティーが低いため、増えれば増えるほど、ハッキングされる可能性が高まる。最近、普及しつつあるバーチャルアシスタントのデバイスは、スマートスピーカーの第一世代といわれる。音声で指示すればネット検索のみならずエアコンのスイッチを入れたりなどができるが、持ち主の「指示や質問の声」を聞くため、常にネットとつながっている。つまり、まわりの音を監視し、それをサーバーに記録している。

まるで掃除機で個人データをきれいに吸い取るがごとく、ＩｏＴは監視機器でもあるのだ。一部の人にとってはとても便利であるのかもしれないが、置かれた場所で周辺を監視し、その情報は企業の「ビッグデータ財産」となって蓄積されていく。このことを認識している利用者はどのくらいいるのだろうか。本来は、プライベートスペースであった自宅で、常にネットにつながった機器に囲まれ、くつろぐことが可能なのだろうか。

もっとも、スマートスピーカーは犯罪解明の手がかりにも利用されようとしている。二〇一五年一一月にアメリカ、アーカンソー州のある住宅で殺人事件が起こった。その住宅の水道に取り付けられていたスマートメーターによれば、夜中の一時から三時のあいだに大量の水が使われていることが判明。警察が来る前に殺人現場を水で洗い流した可能性があった。この事件に関連し、事件現場の住宅にあったアマゾンのスマートスピーカー、「エコー」が初めて証人喚問された。「証物喚問」というべきか。「エコー」は常にオン状態で待機しているため、周辺の会話も録音しているからだ。

日常生活のデジタル化はさらに猛スピードで進んでいる。

二〇一七年、アメリカでは四人家族の一世帯に平均一〇個のＩｏＴ製品があったという。それが二〇二二年には五〇個以上になるとも予測される。日本では日本語対応のＩｏＴ家電の開発がやや遅れているが、二〇一八年から本格的な普及が想定されるスマートスピーカーは欧米ではもう珍しくない。

スマホを通じてアップルの「シリ（Siri）」やマイクロソフトの「コルタナ（Cortana）」などのバーチャルアシスタントに慣れ親しんだ利用者にとっては、スマートスピーカーはその延長だ。「声のコマンド」によって電灯の点滅や明るさを調整、暖房や冷房の温度も帰宅前から調節し、水道や電気の消費量も測る。流行りのレストランを検索し、テーブルを予約し、旅行の準備にも役立つだけでなく、滞在先の気温まで簡単に知らせてくれる。日々、時間に追われ、忙しく過ごす人にとっては、自宅の「電子執事」の到来は待ち望んだテクノロジーなのかもしれない。

それとともに、ビッグデータによる日常の詳細な情報がさらに膨大な量で収集されることになる。何時に起きて、何時にコーヒーを飲み、何時に外出し、誰と会って、何を買い、何時に寝るか。利用者の習慣を知ることで、これまでよりも一層細かい行動分析がより大きな量のビッグデータで可能となる。

モルガン・スタンレー社によれば、二〇一五年から二〇一六年末までにアメリカではすでに一一〇〇万個の「エコー」が販売された。しかし、一方でアメリカのプライバシー保護法は、家庭に置かれているIoT機器がどうプライバシーを侵害するか、表現の自由との兼ね合いはどうか、などに対応しきれていない。

目新しさや利便性が先行するままに、個人データの大量流出とますます強まると思われる企業の監視に、一体、どのように対応していけばよいのだろうか。

以上、ビッグデータがどのように集められ、消費者がどう監視されているかということについて述べた。消費者は有権者でもある。そこで次の章では、消費者を監視する手法を応用して、有権者がどのように選挙広告のターゲットとなっているかを考えてみたい。

第二章　「心理分析」データを使った選挙広告キャンペーン

少数の有権者をターゲットに

二〇一六年のアメリカ大統領選挙終盤でドナルド・トランプ候補が支持率を巻き返し、「逆転勝利」したとき、世界は驚き、その原因を探った。

都市と地方との格差、貧富の格差、教育の格差など、格差問題が原因であったとか、民主党が「金持ちの党」となり、共和党が「低所得者層の党」となったねじれ現象の結果であったとか、メディア、政治学者、コメンテーターなどの専門家のみならず、誰もが理由づけをしようとした。初の「ツイッター大統領」の出現が、デジタル時代でなければありえなかったことは誰でも納得するのではないだろうか。

トランプ大統領を誕生させた二〇一六年のアメリカ大統領選挙キャンペーンを、なぜ検証しなければならないのか。

まず連邦捜査局(FBI)によって、ロシアによるハッキングや不正広告などのサイバー作戦がアメリカ人の有権者の決断にどう影響したのか、調査が続いていることがある。より大胆になるロシアからのサイバー作戦はやむことなく、二〇一八年のアメリカ中間選挙でも続行されるとして、どのような形態で行われるのか予測ができない。そしてロシアからのサイバー作戦は、アメリカが対象であるだけでなく、民主主義への不信感をあおるためにヨーロッパの国々もターゲットにしているからだ。

二〇一六年の大統領選挙では、近年、まれに見るトランプ候補の逆転勝利の裏に、これまでには見られなかったデジタルテクノロジーが駆使された事実があった。デジタルテクノロジーをフルに利用したソーシャルメディアが民主主義にどう影響を与えているのかを考察する必要がある。

さらに、大衆が扇動されるポピュリズムに陥らないよう、アメリカ合衆国の「建国の父」たちが編み出した選挙人制度が、必ずしも民主主義の基本といえる多数決にもとづいていないという事実をどう解釈するべきか。各州に割り当てられた合計五三八人の選挙人を、州ごとに「総取り」で獲得する、という選挙人制度で勝利するために、細かく分析された地域をターゲットとし、「少数を勝ち取った」ことがトランプ候補の勝利へとつながったということがあった。

どちらの候補に投票するべきか迷っているスイングボーター（選挙ごとに投票する党を変える浮動票）有権者へ、トランプ候補の選挙対策本部はどうアプローチしたのか。

「逆転の勝利」の宴に酔ったせいか、大統領選挙直後、選挙キャンペーンに参加したスタッフたちは次々にニュース番組に登場した。トランプ大統領のデジタル戦略を統括したブラッド・パースケールは、「我々は、より多くの人気票を得ようとしたのではない。選挙に勝つための（少人数の）有権者だけに注目して、全力を注いだ」とあるテレビのインタビューで語っている。選挙戦での目標は、迷っている有権者を取り込み、スイング州を共和党に変えて、二七〇人の選挙人を得ることだけであった。

すでに心を決めていた民主党支持者、あるいは根っからの共和党支持者、こういった確信的な有権者は投票する候補を決めており、考えを変える可能性が低いため、はじめから説得する必要がない。説得しようとすること自体、時間と労力の無駄ということになる。トランプの選挙陣営は、つまり、心を決めていない、迷っている有権者に注目した。選挙区を細かく把握し、少数のグループにターゲットを絞っていった。

たとえば「前回は民主党に投票したが、トランプ候補も好きではないし、クリントン候補はもっと嫌い」。こういった有権者を説得するためにはどういう選挙キャンペーンを行えばよいか。勝ち取るべき州で、こういった人はどこに住み、どういった経歴で趣味は何か、どのような交友関係をもち、何に関心があるのか。そもそも、迷っている有権者を見つけるにはどうすればよいのか。

一時代前であれば、電話帳などのリスト、男女別の人口統計、選挙投票記録などが有権者に関する一次情報であった。

しかし、デジタル社会の到来で選挙戦略は激変した。世論調査で定評のあるピュー・リサーチ・センターによれば、二〇一六年時点で、アメリカ人成人の八八％がインターネットを利用し、七七％がスマホを使っている。特にスマホの普及はめざましい。アメリカのスマホ使用者は、二〇一一年からわずか五年あまりで倍増している。その間、低所得者層と五〇歳以上の層に広く普及したということだ。ちなみにピュー・リサーチ・センターがソーシャルメディアの利用度を調査し始めた二〇〇五年は、アメリカ人の五％が利用していたが、一〇年後には一〇人に七人が、つまり七〇％がソーシャルメディアを利用するようになった。選挙戦を勝ち取るためには、スマホやソーシャルメディアの活用が不可欠となった。

現代の大統領選挙は、新しいメディアやテクノロジーを試す場となっているが、デジタルテクノロジーの進化はその姿を激変させた。

一九九六年の大統領選挙では候補者のホームページが初めて立ち上げられ、二〇〇四年にはネットでの選挙キャンペーンによってイベントが告知されるようになった。そして二〇〇八年には、ソーシャルメディアが活用され、候補者が大勢の有権者たちと意見交換し、小口の献金が容易になった。早くからネットを重視していたバラク・オバマの選挙陣営では、二〇一二年、大統領選で初めて有権者に関するビッグデータを分析するデータサイエンティストたちを選挙チームに加え、本格的にデータ分析が行われたという。

有権者に関するビッグデータとは、すなわち、すでに公表されているデータ（電話帳、選挙投票記録、人口統計、銃の所有など）と公表されていないデータ（クレジットカード利用やネット上の購買記録、ネットの使用頻度やサイトの訪問記録、スマホの利用状況、ソーシャルメディアへの参加など）だ。それらをデータブローカーから購入して集積し、グーグルマップ上に図示することで、消費動向に加え、有権者の地域的な分布もより明らかにされる。

ビッグデータを利用したオバマ大統領

再選を狙っていた民主党のバラク・オバマ大統領は、二〇一二年の大統領選で、ＩＴプロジェクト「ナーウェル」を、対抗する共和党のミット・ロムニー候補は、同様にＩＴプロジェクト「オルカ」を立ち上げた。クジラの一種のナーウェル（イッカク）は、前歯が一本角のように突き出て、小型だが歯が鋭く潜水を得意とし、獲物をとらえたら離さない。一方のオルカは、シャチで、イッカクの天敵である。

リベラル系のニュースサイト「マザージョーンズ」は、オバマ陣営が有権者のデータをどうやって集めたかを解説している。

たとえば、ジェーンという民主党支持の有権者がいるとする。ジェーンのツイッターには、オバマのウェブサイトへ誘導を促すリンクが送られる。ジェーンが自発的に名前、住所、郵便番号に相当する五桁の“Zip Code”などの基本データを入力すると、ジェーンのコンピューターには「クッキー」が送られ、ジェーンがどのようなサイトを見ているかなどの情報が集積される。ジェーンは、オバマの選挙キャンペーンサイトをはじめ、健康や環境に関するサイトをよく閲覧しているという結果から、ジェーンの関心事が浮き彫りにされる。また、キャンペーン本部は、ジェーンが若く、スペイン語を話す看護師であることなど、大体のプロフィールを把握。ネット購入に加え、クレジットカード会社の購入記録から、どのような雑誌を購読し、どのような車を所有し、どのスポーツクラブに所属しているかなど、消費活動もモニターする。それを過去の民主党への投票記録と照らし合わせ、献金リストと見比べ、さらにフェイスブックでどういうことに対して「いいね！」ボタンを押しているかを分析し、ジェーンが今回もオバマに投票するための選挙活動をどのように進めるべきか、検討される。

そうしてオバマの選挙本部は、分析結果をもとに、ジェーンに、オバマ大統領が家族計画を重視していることを強調し、「対立候補が当選すると女性の選択の余地が狭められる恐れがある」というメッセージをメールで送るのだ。

では、二〇一二年のオバマ陣営のビッグデータ利用と、二〇一六年のトランプ陣営の選挙キャンペーンでは何が違ったのだろうか。

一番の大きな違いは、トランプ陣営が、ビッグデータに、ある会社が開発した有権者の「心理分析」を加え、小グループごとに向けて開発した「個別広告（マイクロターゲット広告）」を、特定の地域でテレビ、電子メールやソーシャルメディアを通じて投入したことだった。

有権者を心理分析した「無名の会社」

「近年の選挙では、〝少数の票で全体が決まる〟ことが多い。つまり、候補者は、ほんの少しだけ票を伸ばすことで勝つことができる。接戦であればあるほど、我々の手法が有効となる」

こう述べたのは、選挙戦の最終段階でトランプの選挙キャンペーンに加わったデータマーケティング会社の当時の最高経営責任者（CEO）、アレクサンダー・ニックスだ。トランプ勝利後、アメリカのメジャーなメディアがこぞってこの「無名の会社」に注目した。その会社とは、ロンドンに本社がある「ケンブリッジ・アナリティカ社」（以下ＣＡ社）のアメリカ現地法人。大統領選挙の半年前に、ＳＣＬエレクションズという社名から改名した。ケンブリッジ大学との直接の関係はないが、後述するように、ケンブリッジ大学のある研究チームが行った研究をＣＡ社が応用したといわれている。

一体、その手法とは何であったのだろうか。

ユーチューブで見ることができるＣＡ社のプレゼンテーションから引用する。

政治キャンペーンは変わりました。それはこれまでのようにテレビ広告を多く使うとか、ダイレクトメールを多く送るとか、政治資金を使うということではありません。いまはいかにスマートに資金を使うか、にかかっています。近年、選挙にはより多くの資金がかかるようになり、少数の票をめぐって争います。少数票こそ決定的な票差として選挙の行方を左右します。そこで、個別化したメッセージをターゲットとした人々だけに、しかもタイムリーに送ることがより重要になってきています。そこで私たちＣＡ社の革新的なデータモデルの技術がお手伝いします。これまでの選挙キャンペーンでは、地理、年齢、男女別の統計を用いてグループ別に働きかけていました。これはある程度、有効です。しかしこれでは個人的な動機がどのような投票へとつながるかを見逃してしまいます。

私たちＣＡ社では、地理的、統計学的な情報を五〇〇〇のデータポイントで分析し、アメリカ人有権者の政治・消費行動、ライフスタイルとさらに「五つのユニークな個人データ」を加えて総合分析します。個人別に、一人一人が関心をもっているテーマについて、これまでほかに類を見ないほど細かく見ることが可能です。一人一人にどのような選挙メッセージを送ればよいかがわかるのです。これを私たちは「行動学的マイクロターゲティング戦略」と呼んでいます。

私たちのチームはデータサイエンティスト、心理学者と選挙エキスパートで構成され、あなたの選挙でどの有権者をターゲットにし、選挙で確実に勝利できるかをお教えします。

（中略）

私たちのテクニックは世界中で成果をあげつつあります。地方選挙から二〇一六年の大統領選挙まで、どのような形式や規模の選挙でもCA社は最もコスト効率よく、選挙キャンペーンを進め、有効な票を集めることができます。CA社は、政治キャンペーンの未来をつくっているのです。

ニックスCEOの言う「五つのユニークな個人データ」とは、心理学のサイコメトリックスで知られる「ビッグファイブ（以下、ビッグ5）」と呼ばれる心理モデルのことだ。「ビッグ5」は、個人の心理を分析する五つの要素を指す。

- 開放性を測る〝Openness〟＝好奇心ややる気など
- 誠実性を示す〝Conscientiousness〟＝几帳面さや効率的かなど
- 外向性を測る〝Extroversion〟＝エネルギッシュか、外向的か
- 協調性を示す〝Agreeableness〟＝フレンドリーか、情熱的か
- 情緒安定性はどうか〝Neuroticism〟＝繊細か、不安になりやすいか

イニシャルをとってＯＣＥＡＮモデルあるいはビッグ５と呼ばれる手法である。

心理学でいうビッグ５自体は決して新しいものではない。

アナログ時代には、心理テストは書面のアンケートで対象者に答えてもらうというものであった。それが一九八〇年代からコンピューターによる分析が進められたことによって研究は大きく進化した。

ＣＡ社は独自に開発した方法によって、ＯＣＥＡＮモデルを応用し、有権者の心理を分析し、アメリカ人を三二種類のパーソナリティーに分け、ソーシャルメディアを中心にマイクロターゲット広告を送った。特に力を入れたのが、一七州の激戦区であったという。

ＣＡ社は、「二億二〇〇〇万人のアメリカ人有権者に関する情報を総合的なビッグデータで分析した」と豪語している。

フェイスブックでマイクロターゲット広告

近年のアメリカ大統領選挙では、候補者が誰であっても有権者のおよそ四〇％が共和党に入れるといわれる。従って、民主党と共和党はともに、どちらの党に入れるか選挙ごとに変わったり、どちらの党の候補者に票を入れるべきか決めかねている「スイング票」(浮動票)をどう自分の陣営に取り込むかに苦心する。

CA社のマット・オスコヴスキーはユーチューブ上で見ることができるCBSのテレビ番組(二〇一六年一〇月一一日付)でこうコメントしている。

「我々は、特に不満をもっている人が多いと見られる地方に住む白人男性をターゲットにした。また、ヒスパニックの有権者については多くが民主党に入れるのではないかと思われていたが、フロリダでは有権者は二派に分かれていた。それらの人たちにはマイクロターゲット広告が有効だった」

マイクロターゲット広告とは、有権者のパーソナリティーに応じてニュアンスや広告のタイプを変える、言い換えれば「個別化されたプロパガンダ」のようなものである。

統計上は同じ州の同じような閑静な郊外に住み、同じタイプの車に乗っているが、性格が違う二人の有権者がいるとする。彼らがどのような不安をもっているか、どういう問題を抱えているか、主義・主張をもたないで懐柔されやすいか、などの心理分析データに応じて、選挙キャンペーンの方法を変えるというものだ。

たとえば、政府による銃規制に不安をもっている四〇代の父親には、「父から息子へ」と題して夕暮れの野原で射撃練習をする親子の映像を用い、トランプ候補が当選すれば必ず銃所有の権利を守ってくれるという広告を送る。また、空き巣に対する不安を抱いている三〇代のシングル女性には、窓が割られた住宅の写真を添え、トランプ候補であれば、治安改善に最善の努力を尽くすという広告を送る。たとえ夫婦であっても、心理分析の結果次第で別のタイプの広告をそれぞれのソーシャルメディアへ送るという。

「フェイスブックビジネス」というサイトでは、広告主へ向けて、どのように広告を個別化して標的とするグループに表示されるようにするか、事細かに説明している。

たとえば、「カスタムオーディエンス」と呼ばれるツールで、ある支持者グループのリストに含まれたユーザーを検索し、特定のグループだけに広告を届けることができる。また、「ルックアライクオーディエンス」というツールは、似た趣味や特徴をもつ人々を検索し、それに合った広告を送ることができる。

フェイスブックでは、通常のマイクロターゲット広告のほかに、「ダークポスト」と呼ばれる、当人にしか見えない広告を用意していた。

ある人をターゲットにした広告が、心理分析の結果、同じグループに含まれない人々には見えないよう、プログラムされた広告がダークポストである。また、タイムラインに同じようなメッセージが頻繁に送られると、本人だけでなく本人のサイトに登録されている友人たちも嫌気がさしてしまう。従って、広告メッセージは極めて入念に、さりげない頻度で送られたという。

マイクロターゲット広告は、少人数のための広告の細分化、広告のカスタマイズ化である。相手を絞ってデジタルテクノロジーで送るため、結果として、経費節約ともなる。

一方、テレビでくまなく広告を打てば、トランプ候補に好意をまったくもたない人々にも繰り返し見せることになり、費用がかかるわりに効果が少ない。たとえば、国境近くに住み、テレビシリーズの「ウォーキング・デッド」をよく見ている有権者がいるとする。心理分析で「心配性」と出たことから、難民や移民が来ることを懸念していると推察される。この有権者の住む地域には、テレビのスポット広告で、クリントンが大統領になると必ず移民が増えるという広告を地域限定で出す。

トランプの選挙キャンペーン費用は、クリントンの三分の一であったというから、この戦術は極めて効率がよかったことになる。

トランプの選挙キャンペーンは、トランプの娘婿、ジャレッド・クシュナーと友人でデータマーケティング会社を営むブラッド・パースケールが中心となってテキサス州のサンアントニオで進められた。その選挙サイバー作戦の名は「プロジェクト・アラモ」。共和党系のデータ企業、ターゲット・ポイント・コンサルティング社、コーズウェー・ソリューションズ社、ディープ・ルート・アナリティクス社の三社に加え、CA社との連携で、集積されたさまざまなデータを併用、データサイエンティストたちの分析にもとづいた戦略を練った。デジタルチームの人数は、クリントンのチームの三分の一。ダイレクトメール、テレビ、ラジオ、デジタル広告などもフェイスブックやツイッターなど、ソーシャルメディアからのフィードバックをリアルタイムで分析しながら決められたという。

さらに、チームは、「戸別訪問をオートマ化」した。つまり、戸別訪問の際に、選挙キャンペーンスタッフが、キャンペーン事務所が開発したスマホの特製アプリケーションで有権者ごとの情報を検索すると、プロフィール別に詳しい情報を瞬時に引き出すことができる。有権者とのこれまでのメールのやりとりがあればそれも加味した上で重複を避け、プロフィールに応じて話し方やテーマなどを選んだという。選挙キャンペーンの運動員は、ユーチューブでどのようにアプリケーションを使うとよいか、マニュアルを見ることもできる。

選挙戦の最終週には、トランプがどの都市で演説するべきか、演説スタイルや内容、話し方をアグレッシブにするべきか、弱めるべきかなど、すべて、詳細なビッグデータ分析によって決められたというのだ。

ネガティブ広告は「投票阻止作戦」

トランプのデジタルチームは、有権者が投票に行くことを阻むためのサイバー戦略も考案していた。民主党候補のヒラリー・クリントンを好まず、票を誰に投じようかと迷っている特定の少人数グループにマイクロターゲット広告を送るという「ヴォーター・サプレッション・オペレーション（投票阻止作戦）」の手法は、クリントン候補に票を投じることを阻むため、投票に行くこと自体をやめさせようとする戦略である。たとえば、フロリダ州にハイチ人が住む小さなコミュニティーがあるとしよう。心理分析の結果、票が動きそうな人々にだけ「クリントン財団がハイチの大地震に援助をしなかった」というマイクロターゲット広告を送る。

前回の大統領選では民主党の候補に投票したが、クリントン候補が嫌いな黒人や女性の有権者がいたとする。そういうグループには、マイクロターゲット広告で、あからさまにトランプ候補のよさをアピールするのではなく、クリントンのネガティブ広告を送る。一般のアメリカ人になじみがあるアニメ、「サウスパーク」のキャラクターを起用して、「ヒラリーが黒人についてこんなひどいことを言っている」という短いビデオを繰り返し流す。あたかもアニメの中のキャラクターがクリントンで、本人がしゃべっているかのように過去の肉声録音を使って、スマホなどに送り、反感をあおる。つまり、投票へ行く人の数自体を減らそうとする方法である。ある地域でクリントンに投票した黒人が少なかったのは、嫌気がさして「いっそのこと投票に行かない」と決めた有権者がいたせいかもしれない。

ある短いメッセージでは、黒人の若い女性が、一見、クリントン支持の広告を撮影しているかのように、カメラに向かってしゃべる。

「ヒラリーはとても正直で信頼できる……ちょっと待ってよ、自分が信じていないことは言えない」

「だって君は女優じゃないか」とカメラ側から聞こえる。

「正直で信頼できるなんて、いいかげんにして」と言い、女性が立ち去る。

選挙対策チームにとって最も有効だったのは、心理分析を加えることで、「どういうグループが説得されやすいか」をピンポイントで把握することが可能になったことだという。心理分析を取り込んだビッグデータは、「特定の人格をもった人々を〝検索〟することを可能にした」というのだ。

「いいね！」ボタンが語る心理状態

ＣＡ社のニックスＣＥＯは、選挙戦で利用した心理分析のデータは、「調査の対象となる人々に一二〇の質問を送り、対象者の同意のもとに、答えてもらった。従って、フェイスブックの『いいね！』ボタンをユーザーの知らないうちにデータとして集め、利用したという報道は正確ではない」（ドイツ『ハンデルスブラット紙』二〇一六年一二月一五日付）と語っている。
しかし、トランプ政権誕生後、疑問が浮かびあがった。ユーザーが同意なしに「いいね！」ボタンを分析されたという疑いだ。そして、もととなる研究は、二〇一二年に発表されたイギリスのケンブリッジ大学の研究報告であったと報道された。その研究をＣＡ社が無断で応用したというのである。

ＣＡ社とトランプ勝利の関係について最初に記事を掲載したのはスイスのウェブ雑誌、“Das Magazin”（ＤＭ、二〇一六年一二月三日付）であった。

それによると、イギリスのケンブリッジ大学の研究員であったマイケル・コジンスキーが、所属するケンブリッジ大学サイコメトリックス・センター（心理センター）のほかの研究員二人とまとめた「個人の性格と特質は、デジタル記録に残された行動から予測することができる」という論文が『ＰＮＡＳ（米国科学アカデミー紀要）』に掲載された（二〇一三年四月九日号）。その内容を短く説明すると、フェイスブック上のユーザーが押した「いいね！」ボタンを六八個分析することによって、そのユーザーの大体のプロフィールが浮き彫りになるという。ユーザーの人種、年齢、同性愛者であるか否か、支持政党は民主党か共和党か、など、どれも高い確率で確定できるというのだ。ただし、分析はそこで終わらない。
「いいね！」ボタンをさらに一五〇個、三〇〇個と重ねて分析すると、学歴、知能程度、宗教、酒やたばこを好むか、麻薬を使っているかということのほか、両親が二一歳までに離婚しているかどうか、といったことまで高い確率で判明する。

さらに、誰とどのような関係にあるか、誰が伴侶であるかということもわかる。そしてカップルの共通の友人関係やスマホでの電話記録、ブログなどへの書き込みやソーシャルメディアの発信内容などを分析すると、二カ月以内に二人が別れる確率まではじき出すことができるという。

過去には、ビッグ5に関して、二〇〇〇以上の論文が発表されたというが、コジンスキーらの研究は、フェイスブックのデータに注目したところが目新しかった。

研究を発表してからというもの、コジンスキーのもとにはフェイスブックの技術部門から「わが社で働かないか」という誘いと、同社の法務部からは「訴えてやる」という脅しの両方があった。そして、研究チームは、ＳＣＬ（Strategic Communications Laboratories）

社という会社から多大な献金と協力の誘いを受けた。

コジンスキーがネット検索をしてみると、ＳＣＬ社は二五年前からある「情報コミュニケーション企業」で、得意分野が「心理分析による選挙キャンペーン」とあった。もともと軍需関連のプロジェクトに参加し、イラクやアフガニスタンでサイオップ（心理作戦）にも協力してきたＩＴ情報企業である。

コジンスキーは自分たちの研究がなんらかの形で悪用されることを懸念したが、この時点で、すでに大学の同僚が研究を「コピー」し、ＳＣＬ社に売っていた疑いが判明した。その同僚はその後、名前を変え、シンガポールに移住し、コジンスキーもケンブリッジ大学を辞職し、カリフォルニアの大学に移った。

心理分析テストの結果を応用

ネットからの心理分析はどのように行われたのか。

ケンブリッジ大学のサイコメトリックス・センターのサイト（applymagicsauce.com）には、誰でも参加できる心理分析のリンクがあったので筆者も行ってみた。

フェイスブックの「いいね！」ボタンに関する心理分析は、アイコンをクリックしてフェイスブックにつなげるだけなので、わずか一分で結果が出るとある（実際には数秒しかからない）。筆者が自分のフェイスブック上の「いいね！」ボタンを分析してもらった結果、九三％の確率で女性、年齢は七五歳と出てきた。推定された年齢は筆者の実年齢よりかなり上である。

「いいね！」ボタンからは、開放性（O）が三〇％、誠実性（C）が四五％、外向性（E）が六五％、協調性（A）が二七％、情緒安定性（N）は四九％という結果であった。政治的見解では、六五％の確率でリベラルということである。情緒安定性では、どちらかというとマイペースでリラックスしているとあり、対極にある、ストレスを感じやすく感情的になりやすいという結果ではなかった。開放性と協調性の数値が低かったのは意外であったが、プライベートな書き込みや写真をシェアすることに躊躇（ちゅうちょ）していたせいかもしれない。

心理分析のサイトには、さらに心理テストをしてみる、というボタンがあったので、押してみた。すると七〇種以上の心理分析が用意されていた。

「マイパーソナリティー（短縮版）テスト（所要時間五分）」、「あなたのチームでの役割は（一〇分）」、「あなたはどういう友人か（五分）」、「あなたはどういう旅行者か（一五分）」などから、「文章で心理分析（二〇〇〇ワード以上）」、という心理分析だけでなく、「ビッグデータ予測」というサブテーマでは「一般人のビッグデータに対する見方はあなたとどう違うか（二〇分）」とか、「IQ知能テスト（四五分）」というのもあった。テストをしてみれば、こういう心理テストは以前にやったことがある、と誰しも思いだすだろう。

人前に出るのは好きか、目立つことが嫌いか、パーティーで人と知り合いになりやすいか、他人の心配事に関心があるか、すぐにいらいらしやすいか、新しいアイディアに強い関心をもつかなど。答えは、はい、いいえの二者択一もあれば、五つの段階で選ぶ場合もある。結果が自分の思い通りであれば、やはり合っていた、と思うし、気分次第で、答えが微妙に違い、結果も変われば「まったく違うではないか」と思うだろう。「サイコメトリックス」と聞くと、何やら神秘的な未来学のような響きであるが、はたして正確な心理診断といえるのかどうか。

なお、筆者が三カ月後に行った心理テストでは、数値がかなり異なっていた。「いいね！」ボタンで心理分析がされているということを知って以来、筆者がさらに懐疑的になり、なるべくボタンを押さないようにしていたということも影響しているかもしれない。ケンブリッジ大学にメールで問い合わせたところ、「いいね！」ボタンは、ランダムに選択されるため、テストをするたびに結果が異なる可能性がある、ということだ。心理分析は、データの増加に応じて、常にアップデートしているということであった。

背後に天才プログラマーの富豪

トランプ政権誕生の決め手となった「心理分析を応用したデジタル戦略」の陰には、ある「黒幕」がちらついている。トランプの選挙キャンペーンにCA社を紹介した、ロバート・マーサーという富豪だ。

マーサーは、トランプの支持率が低迷した二〇一六年八月、選挙キャンペーンに献金する前提条件として、CA社をデジタルチームに参加させるということを強く主張したといわれる。

「ルネッサンス・テクノロジーズ社」という投資ファンド会社で巨大な富を築いたマーサ

ーは、これまで政治の表舞台でほとんど知られない存在だった。

一九七二年にＩＢＭに入社したマーサーは、一九八〇年代半ばから特別研究チームを率いて言語の音声認識と翻訳で、画期的な言語のパターン分析を見出した。やがて一九九三年、マーサーはルネッサンス・テクノロジーズ社から引き抜かれた。ルネッサンス・テクノロジーズ社は、冷戦時代、暗号解読で功績を残した数学者、ジェームズ・シモンズが一九八二年に設立したファンド会社だ。

シモンズは、二十歳（はたち）でマサチューセッツ工科大学（ＭＩＴ）の数学科を卒業し、二三歳でカリフォルニア大学バークレー校で博士号を取得。ＭＩＴやハーバード大学で教え、国務省で研究実績を積んだのち、起業家に転身。数学者としてアメリカ数学会から幾何学の分野で最高の賞であるオズワルド・ヴェブレン賞を受賞している。

ルネッサンス・テクノロジーズ社は、経済ニュースの配信会社であるブルームバーグが「金融界で最も不透明なブラックボックス」と言うだけあって、その業態は秘密のベールに覆われている。同社は、独自に開発した数式モデルをもとに、短期間に株価や投資物件が市場でどう動くかパターンを分析し、コンピューターで量的投資戦略を練る高頻度取引を専門とするという。シモンズは、ウォールストリートとは直接関係のない世界で、金融界に数式モデルをもたらすチャンスを見出し、社員には数学者、物理学者およびプログラマーを選りすぐり、採用している。

一九八八年にシモンズは、メダリオンファンドというファンドをもうけ、社員など限られた関係者だけに投資を許し、利益が社員だけに還元されるようにした。メダリオンファンドは、二〇年以上にわたって平均で三五％以上の利益を継続して出していることから、「カネが湧き出る泉」といわれ、投資市場始まって以来、最も成功しているファンドといわれる。

『フォーブス誌』によるとシモンズの総資産は二〇〇億ドル。二〇一八年のフォーブス富裕者（世界）リストで、五一位にランキングされ、アメリカ国内では二三位であった。

なお、二〇一七年一一月に公表された「パラダイス文書」では、マーサーとシモンズはともに、税金回避のためバミューダに資本を移していた人物リストに含まれていた。

合が多い。

ＩＴニューリッチが影響をおよぼす選挙

最近の「ニューリッチ層」は、ＩＴ産業やヘッジファンド、不動産業に従事している場合が多い。

リーマンショックの年、ルネッサンス・テクノロジーズ社も打撃を受けた。メダリオンファンドはさほど影響を受けなかったものの、ルネッサンス・テクノロジーズ社が社外の投資家のために運営しているルネッサンス投資エクイティーファンド（ＲＩＥＦ）は二〇〇八年、利益が一六％に激減したという。同じ会社が運営する二つのファンドは対照的な成果を出していた。

このため、ルネッサンス・テクノロジーズ社は、ジョン・マケイン上院議員をはじめとする一部の共和党議員たちから批判された。複雑なバリアーオプション（通称、バスケットオプションズ）という方法を用いて短期取引を長期取引に見せかけることで、ほかにも数社のファンド企業が多額の納税義務を回避した可能性があったと、議会に報告書が提出された。その中で、ルネッサンス・テクノロジーズ社はアメリカの国税庁である内国歳入庁（ＩＲＳ）から一〇年以上、合計で六八億ドルの税金を回避した疑いで調査されたという。『ニューヨークタイムズ紙』は「二〇一五年の最大の税金バトル」とも報道した。

いまやアメリカ人の納税対策は二つに分かれているといわれる。富裕層は、有能な弁護士、会計士、不動産の専門コンサルタント、ロビイスト、反納税活動家など頭脳集団を揃え、一丸となって資産を複雑な方法で海外のオフショア口座などに移転して総資産の実態を不明にする。そのため、税額を減らす専門家集団を総称して、時に「収入防衛産業」と揶揄されるほどだ。それだけに、一般市民の脱税を調査することとは異なり、富裕層の複雑な取り引きをすべて解明して脱税を暴露することは、ＩＲＳの能力を超えているといわれる。一般市民が行う納税と、税金をできるだけ減らすためのアドバイスをする専門家を雇うことができる富裕層の納税方法は大幅に異なり、極めて複雑になっている。

一般市民の経済格差問題のひろがりの一方で、億万長者、いわゆる「ミリオネア」層は一時代前に比べ大幅に増え、珍しくなくなった。『フォーブス誌』によると、現在、ミリオネアはアメリカだけで一〇四〇万人いる。一〇〇万ドル以上の資産を持つアメリカ人は、毎日一七〇〇人誕生しているということだ。

ミリオネアとは桁違いで、格段と資産がアップしている「ビリオネア」も、世界中で毎年、確実に増えているが、ビリオネアのおよそ三分の一がアメリカに住んでいる。ところがアメリカでは、政治家が富裕層への税金を上げようとするたびに、なぜかその試みはいつもうやむやにされてしまう。

「悲惨な現状」は勝つための条件

女優サンドラ・ブロック主演、「選挙の勝ち方教えます」（二〇一五年）は、専門職となった政治コンサルタントたち、いわゆる「選挙屋」が選挙から選挙へと渡り歩き、どのようなダメ候補も当選させてしまうという政治風刺の映画であった。

「選挙の勝ち方教えます」の原題は、"Our Brand is Crisis"（私たちの売りブランドは、「危機」）で、その題が示すように、現政権下の現状がひどいことを必要以上に強調する。つまり、危機がなくてもあるように見せ、勝つためには何でもする。勝ち目がないと思われていた候補の失言さえ、「実直さ」と言いくるめる。そして、誇大な公約を並べてぐんぐんと票を伸ばしていく。ついにはダメ候補がみごとに当選。現代の選挙の行方は投資家と選挙キャンペーンチームの手中にある。

途中、ブロックが対立候補の選挙キャンペーンマネージャーに「あなたの馬、どう?」と聞く場面がある。キャンペーンスタッフや投資家にとって、選挙で誰を応援するか、どの政治家に資金を投入するべきかは、競馬に似てはいないだろうか。以前は共和党の別の候補、テッド・クルーズ候補に賭けていた前述の投資家のロバート・マーサーは、クルーズが大統領候補からはずれると、「賭ける馬」をトランプ候補に替えた。

マーサーは「冷血なポーカー好き」であるという。ポーカーは数学を使った賭けごとである。IBMでは同僚たちから「オートマトン(自動人形)」と呼ばれていたマーサーは、コンピューターのカチカチする音が大好きで、「人間より猫のほうがいい」と言う人間嫌いだ。ルネッサンス・テクノロジーズ社の共同CEOに就任したとき、『ウォールストリートジャーナル紙』に、「できれば誰にも何も言わないでいられれば幸いだ」とコメントを寄せた。

この天才的プログラマーは、コンピューターの専門分野以外では、エキセントリックな行動をとっている。小さな政府を主張する一方、防衛費の増大を求めていた。巨大な四階建ての豪華ヨットを乗りまわし、「シャンプーのボトルが空だった」とスタッフに給料支払いを怠ったり、自宅用に二七〇万ドル（約三億円）の鉄道模型を購入したときは「高すぎる」と、模型会社を訴えて勝訴した。

さらに、「日本に落とされた原爆の放射能は、中心部以外では日本人の健康に役立っている」と公言している。市民の尿サンプルを大量に集め、不老不死の研究をしている科学者、アーサー・ロビンソンに、マーサーは日本円で約一億円の寄付をした。また、「人間の価値はその収入で決まる」と言い、「社会保障を受けている人間には〝ネガティブな価値〟（つまり社会のやっかい者）しかない」とする。

二〇一〇年、最高裁の判決によってスーパーＰＡＣ（特別政治行動委員会）が導入されて以降、政治献金の規制が緩められた。それまで個人の献金は五〇〇〇ドルまでと制限されていたのが、上限がなくなった。以降、マーサーの政治献金は活発化した。非営利の調査報道団体、センター・フォー・パブリック・インテグリティー（ＣＰＩ）によれば、マーサーの献金額は二〇一五年に急増し、翌年には共和党系団体への献金で第一位となった。

公の場で政治に関する見解を述べたことがほとんどないマーサーだが、政治ニュースサイト「ポリティコ」によれば、二〇一二年から四年間で、少なくとも総計四億八〇〇万ドルを三〇以上の保守系政治団体に寄付してきた。短期間のうちに、マーサーは政治献金で全米第八位となったという。

トランプ選挙キャンペーンへの寄付では、個人として最高額を投入した。マーサーは"#Make America Number 1"キャンペーンや、「腐敗ヒラリーを負けさせる（#Defeat Crooked Hillary）」キャンペーンにも多額の寄付をした。なお、トランプ政権誕生わずか四カ月後には二〇二〇年のトランプ再選へ向けて、早くも一〇〇万ドルがスーパーＰＡＣから支払われたという。

ルネッサンス・テクノロジーズ社でマーサーと同僚であった数学者のニック・パターソンは、『ニューヨーカー誌』（二〇一七年三月二七日号）で、「私が見るところ、トランプは、ボブ（マーサー）のおかげで大統領になれた」と語っている。

民主党政府が大嫌いで、税金を最小限に抑え、政府の介入を最小に抑えることを目指す自由主義経済のリバタリアン派といわれるマーサーだが、それだけではない。共和党内の「エスタブリッシュメント」も嫌うマーサーの寄付先は、極右ニュースサイトの「ブライトバート」、「左翼系ニュースメディアのプロパガンダ」を暴く「研究所」であるメディアリサーチセンター、ヘリテージ財団である。ＣＡ社にはこれまで五〇〇万ドルを投資したとされる。

いくつもあるデータマーケティング会社の中から、気鋭のプログラマーであったマーサーがＣＡ社を選んで出資したのは、言語と金融をビッグデータで分析した経験が延長線上にあり、ＣＡ社の心理分析を大統領選で試してみたかったのではないか。ＣＡ社の役員には、マーサーの肝いり、元「ブライトバート」代表で大統領首席戦略官のスティーブン・バノン（その後、解任）も名をつらねていた。

データが勝ったのではない？

一人の富豪がもたらしたデジタル戦略が、実際にどのようにアメリカの大統領選の風向きを変えたのか、それを立証することは極めて難しい。心理分析を交えたビッグデータの解析がどの程度、選挙戦に影響したか、今後、解明される可能性はあるのだろうか。最終的にはデータが勝つのではなく、候補者が伝えるメッセージが有権者に届くか、届かないか、である。

トランプ陣営は、「一〇〇人を超えるデジタルチームにはほかにも数社のデータ企業が加わっており、CA社は〝液体ソース〟の一つに過ぎない」と言う。いくつもの「液体ソース」をかき混ぜたがごとく、どのデータがどのように有権者に影響したか、判断することはできない。

ともかく、トランプ大統領自身、「ツイッターという自分だけのメディアがなければ大統領になれなかっただろう」とテレビのインタビューで語っているように、ソーシャルメディアが選挙におよぼした影響力は大きかった。一方、トランプ大統領の誕生で、脚光を浴びたCA社の影響力はメディアで誇張されすぎたという意見もある。

しかし、有権者の個人データが知らないあいだに利用され、それが現実に投票行動を変えていたとしたら？

データサイエンティストたちは、心理学を応用した広告の手法に警鐘を鳴らしている。その中に、ケンブリッジ大学の研究者、サンドラ・マッツがいる。

マッツは、CA社の「消費者や有権者の行動を予測して説得しようとするテクノロジー」について、「アメリカ市民が知らないうちに数百万人の個人データが集められ、そのデータをもとに極めてプライベートな情報を推量され、それが本人が気がつかないうちに投票行動を左右するような心理分析による広告に使われることへの問題意識を高めなければならない」と言う。マッツをはじめデータサイエンティストたちは、テクノロジーが問題であるのではなく、テクノロジーの暴走を防ぐ規制枠組みがないことが本当の問題であることを強調している。たとえ、フェイスブックのアカウントをもっていなくても、デジタル機器に頼りがちな現代人は、スマホでの会話やメッセージだけでなく、クレジットカードやポイントカードなどで本人の自覚なしにデータを大量に「発信」している。

また、ＡＩは常に進化しており、今後、次から次へと集積されたデータ分析がさらに洗練され、有権者の行動予測と操作につながる可能性がある。データ分析や、ＡＩによる方法こそ、「将来の政治キャンペーン」（ＣＡ社）のカギを握るのであろうか。

実は、ＣＡ社は、イギリスのＥＵ離脱キャンペーンにも関与していたと『オブザーバー紙』と『ガーディアン紙』が報道した。イギリスでのＥＵ離脱をめぐる国民投票で、マーサーは、以前から知己であった離脱派のイギリス独立党（ＵＫＩＰ）代表のナイジェル・

ファラージにＣＡ社を紹介したという。

　であるとすれば、二〇一六年のイギリスのＥＵ離脱キャンペーンとアメリカの大統領選挙という、右派ポピュリズムが勝利を収めた二つの大きな政治イベントに、新しいテクノロジーが試されたということになる。

　イギリスのＥＵ離脱キャンペーンとアメリカの大統領選挙には、あまりにも共通点が多い。地方と都市の格差、グローバル化の勝者と敗者、事実より感情に訴えるキャンペーン。しかし、それ以外にも、酷似するデジタル戦略があった。心理分析を行ったＣＡ社は前述のＳＣＬ社のグループ企業の一つで、親会社はイギリスを拠点にしていることも偶然ではない。

　ＳＣＬ社は、広告会社サーチ＆サーチでの経験を選挙に生かそうとしたイギリス人、ナイジェル・オークスが一九九三年に設立した会社である。行動学をもとにした軍の心理作戦（サイオップ）を得意とするイギリスの企業だ。心理作戦というと何やら謎めいている響きがあるが、サイオップの一番わかりやすい例は、戦争中、空から撒くビラなどだ。紛争地域にいる人々にメッセージが届きやすい。選挙でも戦争でも「人々の心をとらえ、味方に引き込む」必要がある。SCL社は、戦争でも現地の人々の心をとらえるため、現地人の心理を入念に調査し、広告とプロパガンダを駆使した情報統制の作戦を練ることを専門とする。

トランプタワーに集まったイギリスのEU離脱派代表たち

ドナルド・トランプ勝利後、ニューヨークのトランプタワーにまっさきにやってきた海外からの訪問者は、イギリスのEU離脱キャンペーンチームの中心人物たち、自称、「ブレグジットピストルズ」であった。

『ガーディアン紙』に掲載された、満面の笑みを浮かべ、トランプタワーの金色のエレベーター前でポーズをとる六人の写真。トランプを囲み、ナイジェル・ファラージと、反対側はアロン・バンクス。バンクスは、EU離脱キャンペーンに最大の寄付をしたイギリスの富豪である。国民投票キャンペーンの広報担当者、そして極右ニュースサイト、「ブライトバート」のイギリス代表者も写真に写っている。さらに、アメリカ人のコンサルタントもいた。

ファラージとともにEU離脱キャンペーンの中心人物であったバンクスは、ワシントンDCの政治アドバイザーであるジェリー・ガンスターをキャンペーンに引き入れた。バンクスはガンスターのことを「アメリカで最高の国民投票ファイター」と呼ぶ。ゴッダード・ガンスター社は、これまで九〇%の成功率で国民投票で勝利してきたという。

イギリスは過去五〇年間に全国規模の国民投票を二回しか経験していない。イギリスのEU離脱キャンペーンに加わったガンスターは、「国民投票は一つのアイディアであって、相対立する姿が明瞭でない。このためグローバル化、そしてEUと移民を〝仮想敵〟にし、国民を守るためのキャンペーンと感情に訴えることにした」という。

バンクスは、「残留派のキャンペーンは、ファクト（事実）ばかりを並べていた。それじゃ成功しない。国民の感情に訴えなければ」（『ザ・インディペンデント紙』二〇一六年一一月一四日付）と語っている。

EU離脱キャンペーンが活動を始めたころ、いくつものイベントに、CA社のデータサイエンティストであるブリットニー・ケイザーも姿を見せていた。ユーチューブには、「EUから離脱するための国民投票に勝利する」という記者会見のリンクがあった。そこには、離脱キャンペーンの主要チームに交じって、ケイザーが確かに写っていた。

離脱キャンペーンが始まったころの世論調査では残留派がわずかにリードしていた。そこで、まだ決心がつかない約二割の「迷っている少数の有権者」に注目したという。

ケイザーはこう言った。

「まだ心を決めていない有権者が、なぜまだ決められないのか、彼らが何に興味があるのかを理解しようとしている」

それにはフェイスブックがカギであったという。

以前はＥＵ離脱キャンペーンのウェブサイトに、ＣＡ社の「革新的なサイコグラフィックの方法」でイギリス人のデータをマッピングすることができた、とあった。ＥＵ離脱キャンペーンの中心人物、アロン・バンクス自身が、「我々はＣＡ社と仕事をしていたことを隠したことはない」とツイートしていた。

しかし、ＣＡ社との協力体制は、ＥＵ離脱キャンペーンチームの発表では否定されるようになった。途中からなぜ否定されるようになったのだろうか。

『オブザーバー紙』によせたＣＡ社の声明によれば、「ＣＡ社は、アメリカ法人で、イギリスの政治キャンペーンには関与していない」ということであった。筆者がCA社に送ったメールの返事でも、CA社は「イギリスのEU離脱キャンペーンへの参加」についてはは否定している。

実は、イギリスの法律に違反して、外国企業であるはずのCA社が有権者の個人データを政治キャンペーンに無断で使ったという疑いで、イギリスの情報コミッショナーズオフィス（ICO）が二〇一七年に調査を始めた。また、外国人による離脱キャンペーン派の寄付金が正式に報告されていなかった問題をめぐり、選挙法違反の疑いで、イギリスの選挙管理委員会も捜査を開始した。

CA社（株式の九〇％は前述のアメリカ人富豪のロバート・マーサーが所有、一〇％は親会社であるイギリスのSCL社が所有）と極右ニュースサイトの「ブライトバート」を所有するマーサーが二つの選挙キャンペーンにどうかかわったのか。その目的は何か。EUの結束を弱め、政府やエスタブリッシュメント、そして主要メディアの信用低下を望んでいるのか。

アメリカで、富豪が政治に影響をおよぼそうとするのは、いまに始まったことではない。富豪が社会を右傾化させようと投資してきた例として、第二次世界大戦時、ナチス時代から石油業で巨大な財産を築いてきたコーク兄弟が代表的だ。ただし、ネット時代に心理分析を使った最新テクノロジーをもって有権者を説得しようとする策が使われたのは初めてのことだ。そして、大統領選挙に影響を与えたと思われる富豪は、資金を投資しただけではなく、新政権の人事にも口を出し、「左翼的メディア」を混乱させ、目標は「社会的変動を起こす」ことであるという。

CA社のニックスCEOは、「プロパガンダはいつの時代にもあった」とドイツの経済紙、『ハンデルスブラット紙』のインタビューで語り、「選挙で誰かに票を入れてもらうのは、インドネシアで一四歳から二五歳の男性にアルカイダに参加しろと（ネットで）説得する方法ととても似ている」とも発言している。

予想外の結果を生んだイギリスのEU離脱とアメリカの大統領選の結果は、「まるでコンピューターのシミュレーションのようだ」と、ある政治学者は言う。また、『ガーディアン紙』は、「イギリスの民主主義が（デジタル戦略に）ハイジャックされた」可能性について警告している。

有権者が気がつく間もなく、現代のプロパガンダは、ソーシャルメディアという新型

「メガフォン」によって、偽ニュースやシェアの拡散速度と範囲が加速し、想像以上にひろまっていったようだ。

第三章　ソーシャルメディアは敵か、味方か

フェイスブックから「消えた」友人

二〇一六年のアメリカ大統領選がたけなわとなったころ、筆者のフェイスブックからアリス（仮名）という友人のフィードが「消えた」ことに気がついた。設定を見ると、友達関係を解消されたわけではないのに、彼女のシェアやフィードが表示されなくなっている。

アリスが熱心な共和党支持者、そして厳格なクリスチャン（プロテスタント）であることは以前から知っていた。おそらく筆者の「既成メディアのリベラルで民主党系色が強い」ニュースフィードのシェアを見せられることが苦痛で、設定を変えたようだ。

アリスの住むイリノイ州はオバマ大統領の地盤で、クリントン候補の出身州でもある。

しかし、クリントン支持は五五・八％で、圧勝とはいえなかった。地図の分布では、民主党の「青」が、北東のシカゴ周辺、そして南西のスプリングフィールドのあたりなどに認められるが、そのほかはほとんどが共和党の「赤」に支配されていた。イリノイ州は、都市部以外は共和党支持で、人口の多い都市部の住民は民主党を支持している。つまり、都市部と非都市部で二大政党の支持が二極化し、「赤い州の中に青い都市がある」と言われるようになった。従来は民主党の地盤であったイリノイ州で、過去二〇年間、共和党が支持層を着実にひろげている。

アリスが住むのはセーラムという人口約七三〇〇人の街だ。イリノイ州中南部の街で、自宅から一番近いスーパーマーケットに行くにも車で三〇分ぐらいかかる。アリスは、生まれてからイリノイ州以外に住んだことはなく、海外旅行もほとんどしない。「外国に行くとアメリカ人はテロリストのターゲットにされる可能性がある」からだという。

セーラムの人口は、“City-Data.com”というウェブサイトの統計によると、九二％が白人で、外国生まれの住民はわずか一・二％と、イリノイ州平均の一四％よりかなり低い。アリスが外国人と接することはほとんどないだろう。日々、外国人と接することがほとんどないと思われるにもかかわらず、彼女はアメリカに流入する移民の増加に対し、強い懸念をもっている。

セーラムの所得水準は、イリノイ州全体の世帯あたりの平均である約六万ドルより約二万ドル低く、不動産価格も州平均の三分の一で、物価も安い。住民のうち約八割が高卒、大学卒は約一五％、大学院卒となると約五％だが、失業率は六・七％と低い。ちなみに全米で最も高学歴の住民が多いといわれる首都ワシントンＤＣでは、大学卒が五六・八％、大学院卒は三二・九％である。

「フィルターバブル」という孤立現象

息子が海軍に勤務していたことで、厳しい軍の規定もあり、家族としてアリスはフェイスブックの個人データや設定には人一倍、注意をはらっていた。

高校卒業後、若くして結婚したアリスは、子ども二人が独立したあと時間ができたので、すっかりニュース漬けになったらしく、毎日、保守系メディアの「ＦＯＸニュース」を見て国際問題に興味津々だという。

アリスから最後にメールが来たのは二〇一六年六月、イギリスのEU離脱派が国民投票で勝利したあとであった。アリスからのメールにはこうあった。

「イギリスがEU離脱してよかったわね。これで国境警備が強化されて治安が守られるでしょう」。筆者は、次のように返信した。

「イギリスは、独自の国境警備を行い、加盟国同士で出入国審査を廃止し、（シェンゲン圏内での）移動の自由を保障するシェンゲン協定にも加盟していない。地理的にも中東から離れている。ヨーロッパ大陸の国々が二〇一五年に大量の難民流入に悩まされた問題でもほとんど影響を受けていなかった。拡大EUで、ポーランドやルーマニアなどから移民が流入してきたけれど、ブレア政権時代には安い労働力としてむしろ歓迎していた。EU離脱キャンペーンでは、関係が薄い難民問題を前面に出して不安をあおるキャンペーンが進められたが、多くのイギリス人はEUがどのように機能しているかさえ理解していなかった。離脱によって、イギリスの利益が不利益よりも大きいかどうかはまったく不透明だと思う」

これに対するアリスからの返事はなかった。フェイスブック上で「既成メディアのニュース」をシェアすることで、アリスには、違う意見もあるのだということを知ってもらいたい、というかすかな希望があった。しかし、気がつけば、アリス以外にも、保守的な考えをもつ友人たちが私のフェイスブックから消えていた。これこそネット専門家が名づけた「フィルターバブル」に閉ざされるという現象である。

ネット活動家のイーライ・パリザーが、「フィルターバブル」の危険性を予告したのは二〇一一年であった。二〇〇一年の同時多発テロの報復措置としてアメリカが軍事行動に出ることに反対し、ネット上で署名運動を始めたことで注目されたパリザーは、早い時期からネット検索の「個別化」による「偏り」に気づき、ネットが人々の偏見を強める可能性について警告し続けている。特にフェイスブックは、独自開発のコンピューターアルゴリズムによって、「ユーザーが読みたいであろう」と思われるニュースフィードをそれぞれのページに提示してくれる。つまり、ニュースフィードの選ばれ方が、ユーザーの過去の行動に応じて偏るという「ニュースの個別化」である。

日々、ユーザーが「いいね！」ボタンを押したニュースサイトのデータをもとに、次に何を表示するかを、フェイスブックが開発したアルゴリズムが二〇〇〇以上のニュースから選んでいる。これではユーザーの好き嫌いがさらに偏向して、自分の好みのニュースサイトばかりを読む傾向を強める。ユーザーとしては、興味のない反対の視点をもつニュースは表示されなくなり、数あるニュースサイトをそれぞれ開けて気になるニュースを探すより、手軽に読めるというメリットがある。しかし、自分で選ばずにアルゴリズムに「選んでもらう」ことは、読者をより、受け身にさせる。

広告収入を狙うソーシャルメディアやウェブサイトはクリック数がすべてだ。クリック数は、紙媒体の部数にも相当し、多ければ多いほど広告主が喜ぶため、どのサイトもクリック数を増やすことに躍起となる。ユーザーは、まったく関心のないサイトを提示されてもクリックする可能性が低い。従って、フェイスブックは、なるべく多くのクリックを得ようと、より関心があると思われるサイトを提示してくる。

このため、リベラル系のユーザーには、右翼系のサイトは提示されにくくなり、右翼系のユーザーにはリベラル系のニュースフィードは出てこなくなる仕組みだ。特定のアルゴリズムが同じような立場のニュースを選ぶのであれば、反対意見が表示されなくなるため、人々の偏見はさらに強まると思われる。

心理学用語でいうグループポラライゼーション（集団極性化現象）はどの時代、どの社会にも存在した。しかし、基本的に実名で「友人たち」がグループを形成するフェイスブック上では、ただでさえ似た意見をもつ人々が集まりやすい。フェイスブックをはじめ、ソーシャルメディアは、地理的条件を超えて、似たような意見をもつ人々が、同じ主張をお互いに繰り返していくうちに、さらに自分たちの意見や偏見を強める傾向をもっている。ネットは、人々をつなげて相互理解を深める一方で、決まった輪の中で、お互いの殻、いわば「フィルターバブル」の中に閉じこもる傾向が助長されやすい。

自分の見たいニュースだけが見られる「ニュースの個別化」

フェイスブックを創設したマーク・ザッカーバーグがニュースフィードを始めたのは二〇〇六年九月であった。友人がシェアしていたり、利用者が頻繁にクリックしている「ニュースサイト」からフェイスブックの編みだしたアルゴリズムが個別にニュースを選んで表示するものだ。

私がフェイスブック上で、前述の友人アリスのシェアを最後に見たのは、ヒラリー・クリントンのメール問題をとりあげて「このように信用できない人物を大統領にするべきでない」というようなニュースをシェアしたときだったか。よほどクリントンが嫌いらしい。

一方、筆者のフェイスブック上の友人には、リベラル系が多い。「ヒラリー、頑張れ！」、「テレビタレントを大統領に選んではいけない、みんな、目を覚まして！」、「女性嫌いはやめてヒラリーを選ぼう」という民主党支持の友人たちのシェアは、熱心な共和党支持者に届くことはなく、むしろ反感を招いたのであろう。

また、筆者のフェイスブックのページには、アメリカの公共放送NPRやPBS、CBS、ABC、「NBSニュース」、『ニューヨークタイムズ紙』、『ワシントンポスト紙』、『アトランティック誌』、『ニューヨーカー誌』、イギリスの『エコノミスト誌』、BBCなど、いわゆる既成メディアばかりで、「リベラル系」のニュースフィードが並んでいる。

そこで、熱心な共和党支持者であるアリスが最近どのようなニュースを読んでいるのか、興味があったので、彼女のページを久しぶりに開いてみた。改めて見ると、そこは右翼系ニュースサイトシェアのオンパレードであった。

「FOXニュース」、「インフォウォーズ」、「ブライトバート」など「メジャーな超保守系メディア」だけでなく、「レッドステートニューズ」、「トゥルースフィード」、「一〇〇%フェドアップ（一〇〇%たくさんだ！）」など、まったく見たことがないニュースサイトやブログサイトが並んでいた。

ヒラリー・クリントンに関するニュースフィードも多かった。「ヒラリーのナンバーワンスタッフとテロリスト・同時多発テロを結ぶ新事実」、「クリントン財団の所長がロシア領事館に亡命を申請」、「民主党スタッフを殺害させたヒラリー」、「ヒラリーの頭上に疑惑とスキャンダルの渦」など。家族やペットの写真のアップ、動物や神に関するシェアのあいだにあったのは、ほとんどがいわゆる「偽ニュース」であった。その中には、「私がなぜトランプを選ばなければならなかったか」というアリスのシェアもあった。ぜひ、ほかの人に読んでほしいとコメントがあり、トランプ支持となる側の「苦渋の選択」に対する弁明が読み取れた。

かつてアリスの父親と筆者の父親は、日米間にあって「ペンフレンド」であった。筆者の父親は、大学在学中に学徒動員で徴兵され、激戦地へ行くことはなかったが、約一年半ほど海軍士官候補生として訓練を受けた。一方、アリスの父親も戦争中、空軍に所属していた。父親同士が二人とも同い年で母親たちも同い年、家族構成も同じだ。以前は敵対していた日本とアメリカに住むが、草の根レベルで理解を深めたいと、戦後、父親同士がラジオの放送を通じて知り合い、四〇年以上文通を重ねた。

数年前、両親の高齢化に伴い、毎年恒例だったクリスマスカードが書けなくなったということで、電子メールによる長い便りを交換するようになったのが私たち第二世代の「文通」の始まりだった。互いの両親が老い、亡くなっていく過程で、心温まる長いメッセージを受けとったものだ。

アナログ時代には、相手を思いやって気にさわるようなことは決して口にしないのが礼儀であった。まして遠くに住む人々との意見交換はなかなか難しかった。しかし、デジタル時代になった現在、些細（ささい）な書き込みやシェアまで簡単に読め、コメントできるようになった。そのことが人と人との理解を深めたのか、簡単に答えは出ない。お互いの政治的見解に幻滅したせいか、アリスとは以来、音信不通になっている。

海岸都市に集中する既成メディアとデジタル化

フェイスブックは、「友人と友人をつなげて世界をひろげる」、いわば「善」の要素をもつはずであった。

筆者も二〇〇八年に参加したが、南米のパラグアイに住む何十年も会っていない元同級生からフェイスブックを通じてメッセージが送られてきたとき、テクノロジーの進化を実感した。ヨーロッパ、日本をはじめとするアジア、北米と南米にまたがって、地理的に会うことがままならない友人たちが、どのように暮らしているか、垣間(かいま)見ることができる。フェイスブックは旅行や誕生日など、ポジティブな自己フィードをアップすることで、遠隔地に住む友達と、「緩い関係を保つ」絶好のツールであったはずだ。

フェイスブックは最新のテクノロジーを無料でユーザーに提供する代わりに、そのコンテンツはユーザーにつくってもらうという画期的な発想から成り立っている。これはマイクロソフトのビル・ゲイツさえ考えつかなかった。ゲイツがマイクロソフトのニュースサイトを立ち上げようとしたときは、大がかりなニュースチームを結成しなくてはならなかったが、ザッカーバーグはユーザー自身がアップする個人的なつぶやきや写真、その他のシェアをコンテンツとした。つまり、コンテンツはすべてユーザーが無報酬でつくってくれるので費用がかからないという仕組みになっている。

しかし、会社を運営し、利益をあげるために常に収入源を探し、ザッカーバーグはフェイスブックでデータを集めて他社に買ってもらう経営手法を用いた。また、広告収入を得るためのビジネス戦略を拡大し、株式市場で上場した。ユーザーにとって無料であることは便利である半面、個人的な情報をビッグデータに提供することになる。大量の個人データ、写真、そして「いいね！」ボタンの分析が巨大な規模で集積されていく。「ただほど高いものはない」とはよく言ったものだ。

アメリカで、ソーシャルメディアへの依存が進んでいる背景には、当然、長く報道の中心を担った新聞業界の衰退があることは否定できない。

ワシントンDCにあるシンクタンク、ブルッキングス研究所の「新旧メディアに見る七つのトレンド」（二〇一五年一一月一三日）という報告によれば、一九四五年に一七四九紙あったアメリカの新聞が二〇一四年には一三三一紙になったとある。約七〇年のあいだの人口増を考慮すれば、新聞が提供する取材・調査・校閲された質の高い情報にアメリカ国民が接する機会が大きく減ったことになる。そして、二〇〇三年から一〇年間だけでも新聞の広告収入は半減した。ニュースの中心は紙の媒体からネットへ確実に移行している。なお、全米新聞編集者協会（American Society of News Editors）によると一九七八年から二〇一五年のあいだに新聞社で働いていた一万人以上が職を失った。

実際、新聞を毎日読むアメリカ人の割合は減るばかりで、一九九九年、大卒で六〇％から七〇％であったのが、二〇一四年には三八％から五〇％弱に減った。高卒では、五五％から三〇％に減少している。ブルッキングス研究所によると、これらの調査結果により、七つのトレンドが顕著になった。

一　紙媒体の新聞は恐竜が絶滅するように衰退する傾向にある。

二　ネットニュースは事実を検証しない場合が多くニュースの質が危険にさらされる。

三　テレビのニュースはいまでも重要視されているが、視聴率は下がっている。その証拠として、テレビのニュースキャスターが誰であるか知らない人が増えている。

四　ラジオも重要視されているが関心は薄れてきている。
五　ニュースはデジタル化している。
六　ソーシャルメディアはニュース（と「偽ニュース」）をすぐ拡散する。
七　若者層にはニュースはコメディー番組で伝えられている。

無料の「ニュース」をネットで手軽にクリックする時代となり、状況は激変している。統計によっても異なるが、いまやアメリカ人の四〇％から六〇％以上がフェイスブックのニュースフィードでニュースを読んでいるという。フェイスブックのアルゴリズムが、友人たちの個人的な写真やフィードなどから「見たいと思うニュースのヘッドライン」を選び、提示してくれる。スマホでフェイスブック上のニュースフィードを見ることは、それぞれのサイトへ行って開けるより手軽でもある。これではユーザーがＡＩのおかげで受動的になってしまう。ただでさえネットでは自分の知っていることをもとに検索することが多いため、新聞を眺めて「こういう記事があった」という偶然の発見が少なくなるのではないだろうか。

日本でも「新聞をとるのをやめた」という声をよく聞くようになった。二〇〇〇年に比べ、二〇一七年には新聞の販売部数は約一一六〇万部減ったという（日本新聞協会調べ）。日本の新聞社の中で、ウェブ版の購読者数が一番多いという『日本経済新聞』は、有料会員が約五四万人。有料会員と無料会員の登録を合わせると三六〇万人を超えたというが、有料会員のほうがはるかに少ない。しかし、どの新聞社もウェブ版を用意しない限り時代に取り残されてしまう。時代がデジタル化へと向かう中で、デジタル購読者からの収入だけで旧メディアの時代のような質の高いニュースを提供できるのだろうか。

一方、無料のウェブニュースサイトは、急激に増えたが、これまで紙の媒体が伝えたよりはるかに早く、しかも大量に偽ニュースも拡散させやすい。多くが取材の裏付けがなく、偏ったニュース、あるいは偽ニュースを特定の人々が見てシェアし、その結果、それぞれのバブルに閉じこもりがちになる。アナログ時代には考えられなかった変化である。

これまでのジャーナリズムでは、取材、事実のチェックと裏付け、校正、再度のチェックなど、時間と手間をかけている。そして事実と異なる情報を読者に伝えたことが確認された場合、発行元、編集者や記者の責任が厳しく問われた。

しかし、誰もが発行者となりえる「ネットジャーナリズム」の時代には、レイアウトを整え、「本物に見えるニュース」を誰でも発信できるようになった。そして、取材をもとにしたジャーナリズムと個人のブログ、広告記事との区別さえつかない読者が増えた。

アメリカの場合は、従来の新聞媒体の衰退で、もともと保守的な土地柄である内陸部の新聞社が次々に倒産する一方、メジャーなジャーナリズムの拠点が、リベラルな読者が多い海岸沿いの都市に「押し出されている」。よって、内陸部に住む市民は、地域のニュースを伝えてきた新聞がなくなることで、ネットでのニュースを頼ることになり、その結果、事実が検証されていないニュースにさらされる可能性がより大きくなっている。

偽ニュースは「面白い」?

誰もがニュース発信者となることで、無制限にひろがる「ニュース」の伝達が、最終的に市民にとって有益となるのか否かは、疑問である。

アメリカの公共放送のＮＰＲが、カリフォルニア州のある偽ニュースサイトの製作者にインタビューしている。

元旅行ライターという人物は、二〇一六年の大統領選の初めのころ、民主党候補であったバーニー・サンダースの偽ニュースを流したところ、人々の関心をひかず、そのうちに立ち消えてしまった。そこでヒラリー・クリントンの偽ニュースを流したところ、たちまちクリック数が増えたという。いくつものドメイン名を購入し、複数のニュースサイトをつくったのだ。

クリントン夫妻についての偽ニュースは瞬く間にひろまった。「ヒラリーはパーキンソン病で余命が短い」、「ビルが黒人娼婦（しょうふ）に生ませた男性がカミングアウト」、「クリントンとオバマはシリア戦争でもうけている」など、クリントン夫妻の偽ニュースは、共和党支持者に特に面白がられたようだ。

偽ニュースサイトの製作者によれば、一番肝心なのは、「本物に見えること」だという。一番の「ヒット作」は、「デンバー・ガーディアン」が掲載した「ヒラリー・クリントンの電子メールを捜査したＦＢＩの捜査官が〝謎の自殺〟を遂げた」というニュースであった。いかにもヒラリーが関与しているような「特ダネ」に、クリック数は面白いほど増えたという。

偽ニュースサイトは本物に見えるように、半分以上を（本物の）日常のニュース記事で埋め、それとなく「面白い偽ニュース」を紛れ込ませることが秘訣だという。広告収入のみが目的の場合、ある程度のネットの知識と時間さえあれば手軽にできる「新ビジネス」である。

もうかる偽ニュースをバルカン半島から発信

右傾化をたきつける偽ニュースは、意外な場所からも生まれている。バルカン半島、マケドニア中部にヴェレスという小さな村がある。人口四万四〇〇〇人の、かつては陶器や金属加工で栄えた村であった。小さな村はアメリカ大統領選の数カ月前からにわかに景気づく「ブームタウン」となった。

二〇一五年、村の少年があるニュースサイトを立ち上げた。日々のニュースの中からコンテンツを切り貼りし、高級車についての記事を掲載したことが「村のネットバブル」の始まりといわれる。ネットから検索したニュースを次々に「アレンジ」して「コピペ」することで、クリック数に応じて広告が増えていった。フェイスブックやツイッターなど、ソーシャルメディアでシェアされていくうちに、クリック数はさらに急増していった。
村では突如として高価なドイツ車を乗り回し、不動産を買う若者が目立ちはじめた。少年たちは、一時、グーグルやフェイスブックから毎月一万から三万ユーロ（約一三三万円から三九九万円）の広告収入を得ていた。若者の二人に一人が失業している村で、偽ニュースサイトはもうかる、という噂（うわさ）がたちまちひろまるにつれ、サラリーマン、エンジニア、歯医者までが仕事を辞めて自宅で偽ニュースサイトをつくり始めた。一時は、一四〇の偽ニュースサイトが村から発信されるようになった。

しかし、サイトを本物に見せるためにはかなりの「労働時間」を投入しなければならない。最も利用者が増える「プライムタイム」の夜間は、孫のためにクリック数を増やそうと、祖父母たちまでが協力。どの家も一家総出で画面とにらめっこしていたため、村は静まり返っていたという。

偽ニュースサイトには、大きく分けて、このような広告収入が目的のサイトと、特定の政治目的を達成しようとするサイトがある。よって、偽ニュースを発信する側としては、反響を求めるあまり、過激な内容に走りやすいという傾向がある。

偽ニュースが事件に発展

アメリカの首都、ワシントンＤＣの中心部から北へメリーランド州までのびるコネチカット通りは、ホワイトハウスや官庁、オフィスが集中しているダウンタウンから北へ行くほど緑が豊かになり、住宅街へとつながっている。

メリーランド州に入るやや手前に、本好きのワシントンっ子であれば誰もが知っている「ポリティックス＆プローズ」という独立系の書店がある。

大統領選を控えたある日、書店は新刊の著者による店内での朗読会を控え、とても混みあっていた。筆者は、書店に行ったついでに軽食をとろうと周辺を歩いていた。数軒先にあったピザ店は、中に入ってみると、がらんとして殺風景で素っ気なかった。二カ月後、このピザ店、「コメット・ピンポン」に銃を持った男が侵入してくることになるとは。

二〇一六年一二月四日、二八歳のごく普通の男が、「クリントンをはじめとする民主党員がピザ店を拠点に、子どもたちを監禁し、悪魔風の儀式で幼児ポルノ組織を運営している疑いがあるので調べに来た」と言い、従業員や客たちを数時間、監禁した。この男は、ある偽ニュースを信じて自宅から六時間以上車を走らせ、「幼児たちを解放しようと、いてもたってもいられなくなって独自捜査のためやってきた」という。AR－15自動小銃とコルトピストルを持った男は店内にあったコンピューターや奥の部屋の鍵などに発砲したのち、警察に逮捕された。幸いけが人は出なかったが、偽ニュースが本当の事件にまで発展することを見せつけた。

銃にまつわる事件はアメリカでは珍しくはない。しかし、首都で起こる事件は、ほとんどが貧困地区である東南（SE）地区に集中しているだけに、市内で最も安全な地域として知られる北西（NW）地区で起こったこの事件は、住民にとっては衝撃であった。

ネットで陰謀説が拡散される

一体、この「偽ニュース」はどうひろまったのか。ニュースソースをたどっていくと笑ってすませるわけにはいかないほどこみいっている。

発端は、ロシアが民主党のヒラリー・クリントン候補の選挙対策委員長、ジョン・ポデスタの電子メールをハッキングし、二万通あまりの電子メールが流出したことだった。メールは内部告発サイト「ウィキリークス」によって公開された。

そのメールの中に、民主党を攻撃する材料を探していた共和党支持者が、民主党支持者の一人、ピザ店の店主のメールを発見した。なぜたわいのないメールがピザ店をめぐる陰謀説に発展したかというと、やや長くなるのだが、以下の経緯があった。

ピザ店主のメールのほかに、素っ裸で奇抜なパフォーマンスで料理をする女性アーティスト、マリナ・ブラノビッチが、友人でワシントンのロビイスト、トニー・ポデスタに送ったメールがあった。

「次回の私のパフォーマンス料理会に弟さんも来られるかしら？」

弟とは、前述のジョン・ポデスタで、トニーはジョンにマリナからのメールを転送した。別のメールで、民主党支持者であるピザ店主がジョン・ポデスタに送ったメールにこうあった。

「民主党の会はとても刺激的でした。ただピザをつくって差し上げる機会がなかったので残念です。いつ都合がつきますか？」

共和党支持者は、とにかくあら捜しに必死だ。ピザ店主のインスタグラムを見ると、子どもと一緒に写ったピザ店主の写真が多数あった。共和党支持者は、「これはおかしい。子どもがいない彼がなぜたくさん子どもたちと一緒に写っているのだろうか」ということで、すべての「点」をつなげてみた。

豚の血でメニューを書くというマリナのパフォーマンスは悪魔儀式なのかもしれない。そしてクリントンの選挙対策委員長、民主党支持のピザ店主と子どもたち、すべての不可解な点をつなげて陰謀説にでっちあげた共和党支持者が「幼児ポルノ疑惑」に関する話をソーシャルメディアに流したところ、共和党支持層でたちまち話題になった。「インスタグラムに店主が子どもたちと一緒に写っている」、「店の名前のイニシャル〝CP〟は、実はチャイルドポルノグラフィー（幼児ポルノ）を意味している」などのデマがとびかった。

デマのシェアやチャットが増えたのは、大統領選挙が本格的となった九月以降で、それとともに、ピザ店主に対するネット上の中傷がひどくなっていった。家族連れで週末に賑(にぎ)わう店の奥にはピンポン台があるのだが、店の外に掲げられたピンポンラケットの看板まであやしい、ということになった。

ピザ店では週末にライブ演奏が行われていた。演奏した音楽バンドのメンバーまでが

「地獄へ落ちろ」という数十通の殺害脅迫のほか、あらゆる暴言、卑猥な言葉をツイッターなどのソーシャルメディアで浴びせられ、自宅の住所とともに経歴や勤め先の学校の写真までネットに公開されてしまった。店主をはじめ、従業員たちもしばらくのあいだ、店の前でピケを張る人たちに悩まされ、複数のソーシャルメディアから数えきれないいやがらせのコメントを受けた。その後、前述の発砲事件が起きた。

デマは複数のソーシャルメディアで幾度となくシェアされ、拡散される。いったんうその情報が出回ると、いくら事実ではない、と主張しても、「リベラルメディアの陰謀だ」、「検閲だ」、「何かを隠しているにちがいない」と、否定すれば否定するほどネット上でさらにひろく拡散してしまう。いわゆるネット炎上である。

偽ニュースは、白人主義者のツイート、ソーシャルメディアの4chan、レディットへとひろがり、レディットのトランプ支持者たちが集まるチャットルームで、「エコーチェンバー（共鳴室）」となっていった。閉ざされたネット空間で、似たような意見をもつ人々が、チャットを繰り返しているうちに騒ぎがエスカレートする。偽ニュースは、匿名のボットによりさらに大量に拡散され、右翼でメジャーなニュースサイトの「ブライトバート」やラジオ番組の「インフォウォーズ」によってさらにひろまる。そしてチャットしているうちに自分たちだけで「共鳴」していき、過激化していく。

偽ニュースは保守層でひろがりやすい?

ニューヨーク大学で心理学を研究するジョン・ジョスト教授は、保守層とリベラル層の批判力を比較した。「考えることは苦手」、「長期的なプランをたてるより明日のことを考えたい」、「複雑な問題を解くより簡単な問題を解くほうが好き」、「長時間、真剣に仕事をすることに喜びを見出す」などの質問に同意するかしないか、いくつかの段階に分けて答えてもらうという調査をした結果、あることが確認された。保守層のほうが、リベラル層よりも批判的傾向が弱い、ということである。

また、ドイツのウルム大学のシュテファン・プファットハイヒャー教授とジモン・シンドラー教授の調査報告「ばかげた書き込みにみる保守主義とその意味」によれば、保守層は、ばかばかしい情報やニュースでも、自分の世界観に見合った情報であれば無条件に受け入れがちであるという。調査では、ある三人の政治家の発言を、まったくのばかばかしい（ブルシット）発言、ばかばかしいが部分的に意味がある発言、普通の発言の三つに分けて保守層の対象者に提示したところ、ばかばかしい発言ほど喜ばれ、普通の発言にはあまり関心を示さなかったということだった。

両研究者は、なぜ保守層が偽ニュースを信じやすいかということについて、必ずしも学歴とか知識が足りないということではなく、情報やニュースを熟考して疑う能力がないためでもないという。偽ニュースをすぐ信じる人々は、偽であることを「疑う動機がない」のである。つまり、一定の情報や偽ニュースが本当であるかどうか確認しないのは、したくないからで、自分たちの視点に合っていればそれでいいと判断してしまう。彼らは、自分の偏見を偽ニュースで確認し、「やっぱりそうだったのか」と思いたい。偽ニュースは、自らの偏見を裏付けるためのよりどころでもある。

陰謀説をひろめるラジオ放送

「偽ニュース」という言葉が日常のニュースにあらわれる以前、各種の陰謀説を本気で信じる人は、一笑にふされたものだ。しかし、自分を批判するニュース機関をことごとく偽ニュースであると糾弾し、虚構の発言をしてもまったくひるまないトランプ大統領の出現で、事情が変わったようだ。中でもトランプ政権の誕生を助けた「インフォウォーズ」というラジオ番組が保守層のあいだで人気があることは見逃せない。

「インフォウォーズ」は、「グローバル化の賛同者が、人類を彼らに隷属化させようとする究極の目的で、科学の操作によるうそで達成しようとする試みを阻むため、真実を追求する」という。その根幹にある姿勢は、反政府、反巨大ビジネス、反既成メディア、反エスタブリッシュメントである。

ラジオのＤＪであるアレックス・ジョーンズは、数々の陰謀説を流布してきた。たとえば、「ケネディ大統領の暗殺犯はほかにもいる」、「月面着陸はなく、演出された」、「同時多発テロは政府が仕組んだ」などと、「政府やメジャーなニュース機関が報道しない秘密を暴く」と言う。

視聴率や聴衆の数を測定するクイントキャスト社によると、「インフォウォーズ」のリスナーはアメリカ国内で二九〇万人（世界では三九〇万人）。ジョーンズは「アメリカきっての〝陰謀説ＤＪ〟」と言われる。「オバマ大統領は本当にアメリカ生まれか？」と、オバマ大統領の出生を疑う説を支持するグループ「バーサー派」を大々的に支持したのもジョーンズだった（アメリカ大統領は、アメリカ生まれであることが条件）。「インフォウォーズ」はバーサー説をラジオとネットのサイトで拡散させていた。

なお、「ジョーンズのファン」というドナルド・トランプは長いあいだ、「オバマはアメリカで生まれたのではない」と言い続けてきたが、オバマ大統領がアメリカ生まれであることを出生証明書で証明すると、「オバマ大統領はアメリカ生まれだ。ピリオド」と言っただけでバーサー説は立ち消えとなった。

リベラル層のあいだでも偽ニュースが拡散

偽ニュースや陰謀説は、リベラル層のあいだでも拡散されている。

大統領選挙前、筆者のフェイスブックサイトに、サンフランシスコに住むアメリカ人の知人がトランプに関する発言をシェアしていた。トランプが一九八八年、主に著名人の私生活に関する記事を掲載する『ピープル誌』で応じたインタビューの内容であった。

「私が（大統領選挙に）出馬するのであれば共和党からだ。彼らは一番まぬけで、ＦＯＸ

ニュースが報道することは何でも信じる。私がうそをついたとしても彼らは信じるだろう。私の支持率は素晴らしいに違いない」

まだ四〇歳ごろのトランプの、トランプらしい語彙で本物に見えるが、事実確認（ファクトチェック）サイトの「スヌープス（www.snopes.com）」によれば、これは事実ではない。一九八八年、トランプに関する『ピープル誌』の記事は主に再婚と離婚に関するものであって、トランプが公に大統領選への関心をあらわし始めたのは一九九〇年代末であった。

偽ニュースの時代にあって、リベラル層も偽ニュースから遮断されているわけではない。トランプ政権の誕生で不安が高まったせいか、リベラル層のあいだでも偽ニュースが蔓延するようになった。

「ドナルド・トランプの父親は白人主義のクークラックスクラン（ＫＫＫ）のメンバーだった」、「トランプ大統領夫人のメラニアが自分のブランド製品をホワイトハウスのホームページで売っている」、「イギリスのエリザベス女王がトランプに刺客を送りたがっている」など、これらの「ニュース」は事実確認サイトで検索してみれば、すぐに事実ではないことが確認できる。

何が真実で、何が偽ニュースであるのか、混乱はひろがるばかりである。

フィルターバブルの反対側

『ガーディアン紙』が、保守層とリベラル層それぞれに、読んでいるニュースを交換してもらうという試みを行った。

ある保守層の読者は、「クリントンを褒める記事を見たことがあまりなかったので、肯定的な記事があることさえ知らなかった」と言い、リベラル層の読者は、「妄想に苦しむ人たちばかりがいる部屋に監禁されているような気分だった」と言った。

毎日のニュースをフェイスブックに全面的に頼っているというある民主党の支持者は、「ソーシャルメディアは、極左と極右のセンセーショナルなニュースを集めている。もっと自発的に上質のニュース記事を選ぶべきかもしれない」、「両派の記事を見るといかに分極してしまったかがよくわかった。ソーシャルメディアのおかげで大学時代にそれほど仲良くなかった〝友人〟となんとなくつながっていたような感じだったけれど、これだけ分極化した大衆をつくりあげてしまうのであれば、アクセスしないほうがいいのかもしれない」と語った。

フィルターバブルを脱して、自分とは反対側の意見を読みたいという場合は、たとえば、「あなたのバブルから脱出しましょう（Escape Your Bubble）」や「反対側からこんにちは（Hi From The Other Side）」などのサイトがある。

前述したように、ソーシャルメディアは独特のアルゴリズムを使ってニュースを濾過するので、偏った内容の記事が表示されやすい。センセーショナルなニュースを見たときには、複数のメディアで本当に起きているのかを確認しなければ、偽ニュースはいつのまにか一人歩きし、流言飛語のデマゴギーとなって社会に多大な影響を与えかねない。

よいボット、悪いボット

しかし、いまやネットの書き込みは、人間だけが書いているのではない。ネット専門家によると、ツイッターの書き込みのうち、ざっと四分の一は、アプリケーションの一種であるボットによるものであるという。ツイッターでは地震速報や天気予報、交通情報など、重宝なアプリケーションがあるが、これらはすべてボットにより情報が発信されている。

ここ数年、ツイッターのアカウントもボットが急増しており、四八〇〇万ものアカウントがボットという研究もある。ソーシャルメディア用にプログラムされたボットは、人間よりもはるかに高速で、人間に似た行動や書き込みをすることもできる。

ボットはネットに入って徘徊する「クローラ」として使われることが多い。クローラはスパイのようなもので、利用者が知らないうちにウェブ上の文書や画像などを取得し、自動的にデータベースにダウンロードする。検索語によって必要な情報を探し、検索エンジンのデータベースや統計調査に利用され、普通はすぐには悪影響をおよぼさない。

ネットセキュリティー会社のインパーバ・インカプスラ社のボットデータ流通量報告（Bot Traffic Report）によれば、過去五年間、ネットのデータ流通量を分析してきた結果、半分以上に人間のクリックや足跡がみとめられたのは二〇一五年だけで（五三％）、ほかの年はすべて過半数がボットによるものであった。ボットが多くみとめられた二〇一三年は、三八・五％が人間によるもの、残りの六一・五％がボットであった。

二〇一六年で見てみると、ボットの活動は全ネットデータ流通量の五一・八％で、人間によるものは半分以下の四八・二％であった。そして、いわゆる「よいボット」は二二・

九％、「悪いボット」は二八・九％であった。インパーバ・インカプスラ社はよいボット、悪いボット、それぞれ四種、合計八種について解説している。

「よいボット」とは、フィード採取のためのボット（ウェブサイトなどのコンテンツを選び、携帯電話やアプリケーションにアップするボット）、検索エンジンのボット（検索エンジンのために情報を集め、ランキングを決めるボット）、商用ボットでデジタルマーケティング用にデータを集めるボット、主に健康アプリケーションやウェブサイトのアクセス数を数えるモニターボットということだった。

一方、悪いボットとは、スパムメールをまき散らすスパマー、利用者の知らないうちにネットの情報をかき集めるスクレイパー（こそげ取るという意味）など、悪いボットの約四分の一がネット上のセキュリティーの弱点を探すハッカー用のボットだ。また、「安全に見えるアイデンティティー」になりすまし、コンピューターのセキュリティー対策をすりぬける「なりすましボット」というものもある。なりすましボットはいつのまにか侵入してＤｏＳ（Denial of Service）攻撃、いわゆるサービス妨害攻撃をしかける、たちの悪いボットだ。

なりすましボットは、ネットに入り込んで時期をうかがってから攻撃するため、ハッカーが多用している。サイバーセキュリティーは、もっぱらハッカー対ハッキングを防衛しようとするホワイトハット（ハッカー）たちのあいだで攻撃と防衛をめぐる絶え間ない闘いとなっている。

ツイッターとボット

二〇一七年アカデミー賞授賞式の番組で、司会者が、トランプ大統領がメリル・ストリープのことを「最も過大評価されている女優」と批判したことに対し、「@本物のトランプ」（@realDonaldTrump）へ、「まだ起きている?」とツイッターで書き込みをする場面があった。ツイッターに書き込みばかりして一方的に発信するため、「ツイッター大統領」と呼ばれるようになったトランプ。司会者が「@本物のトランプ」へとツイートしたのは、「本物でないトランプ」もツイートしているという可能性があることを皮肉っているからだ。というのも、大統領選挙中、トランプのツイートは、少なくとも「三人」で書かれていたといわれる。本人と、本人をよく知るデジタルマーケティング会社のCEO、そして、ボットだ。

ボットは常に進化している。ソーシャルメディアで発せられる人間の言語を習得してほかのユーザーとチャットし、人間のように書き込みもし、質問にも答える。しかも、人間のように寝ることもないので、二四時間、似たようなメッセージを繰り返すことも、一定の時間に決まって大量に発信することも可能だ。

オックスフォード大学インターネット研究所（ＯＩＩ）が、アメリカ大統領選でのフェイスブックとツイッター上のシェアと書き込みを調べたところ、親トランプのボットと親クリントンのボットの率は五対一で、トランプ支持者のものが圧倒的に多かった。また、選挙前の数日間にされたツイッターの書き込みのうち、ミシガン州では四分の一が偽ニュースであったという。ミシガン州はスイング州の一つであったが、あるトランプ支持のボットが、検索エンジンやニュースフィードで反クリントンのニュースやメッセージを上位に押し上げ、クリントンの支持層の自由な発言を抑えこんだ。

ＯＩＩのフィリップ・ハワード教授は、親トランプのアカウントのほうが親クリントンより拡散の度合いが高く、「反クリントン的な写真と挑発的なキャプションで拡散されやすかった」という。ネット上に、保守的意見、あるいは右寄りの主張が蔓延しているように見えるのは、ボットが多く使われていたせいもあろう。

ツイッターのアカウントを見て、写真が細かくピクセル化していたり、プロフィールが書かれていない場合などは、ボットである可能性が大きい。普通の人間であれば、毎日五〇回以上ツイートするということは難しく、それ以上の場合はまずボットであるともいう。

ボットが進化した現在、人間によるものか、それともボットの発言か、専門家でも区別がつきにくくなっているらしい。ツイッターのアカウントが人間によるものであるのか、単にボットなのかを、ハンドル名を入力して調べられるサイトもある。

あるトランプ支持者は、「サイボーグボット」というボットを使っていた。これは過去の自分のツイートからAIが自分と似た「人格」をつくり、過去に繰り返したメッセージをボットで送る方法で、毎日、一〇〇〇個のツイートを一定の時間に自動書き込みしていた。彼は、サイボーグボットによって二四時間、反クリントン、親トランプのメッセージを延々と繰り返し、同じような内容の書き込みをしていた。一人の支持者がいくつものアカウントからボットで発信すると、それはまるで巨大なメガフォンのように、同じようなメッセージをソーシャルメディアで拡散させていく。

ボットの専門家によれば、選挙が近づくにつれて親トランプ派は、スリーパー（休眠）のボットも活動を活発化させたためツイートが大量に増え、選挙が過ぎたあとは、消えたボットも多かったという。ボットはまるで菌のようにソーシャルメディアの中で書き込みやツイートを行ってひろがり、変化をつけるために自動発信のメッセージに交え、人間らしい書き込みもする。

ツイッターは、アカウントを匿名でつくることもできるし、ボットでもツイートできるので、ソーシャルメディアの中でも最も操作が簡単にできる。アカウントの中には実在の人間のアカウントをコピーする「なりすまし」もあって、ネットの専門家でもなりすましであるのかどうかを証明することが難しくなってきている。

売られるボットと「いいね！」ボタン

ソーシャルメディアの分析で世界的に知られるSysomos社の調べによると、現在、ツイッターのアカウントのわずか五％が、全体の七五％の書き込みを行っているということだ。つまり、少ないアカウントから大量のメッセージが発信されているということになる。そして、ツイッターの書き込みの二四％はボットによる。

ボットはネット上で簡単に購入できるようになった。試しにネット検索をしてみると「ボット、売ります！」というサイトがいくつも出てくる。たとえば、UBotStudio社が提供するボットは約三〇〇ドルでパッケージになっていて、プログラミングができないユーザーでも、簡単に利用できるサービスが用意されている。

「フリーメールアカウントを一〇〇個つくり、自動ツイート、一〇分で政府系ウェブサイトやネットショップにアクセス、ウェブサイトに一〇万人分の足跡をつけることも朝飯前。ただし、一度に一つのウェブサイトに一〇万の足跡をつけると不審に思われるので、ターゲットとするサイトをあちこちにひろげることもできます」とある。それぞれの目的に応じてボットを買うのである。しかも、ネット上では、ボットだけでなく、フェイスブックの「いいね！」ボタンも購入することができる。

「『いいね！』ボタンを買う」と検索するとフェイスブックの「いいね！」ボタンの価格一覧が表示された。そして、「いいね！」ボタンだけでなく、「ツイッター、インスタグラム、ユーチューブなど、それぞれのソーシャルメディアに応じて、フォロワー、アクセス数やクリックを増やせます」というサイトなど、「ソーシャルメディアマーケティング対策」を提供するさまざまなサイトがある。

バイフェイクライクス（Buy Fake Likes）のサイトには、「上質の『いいね！』ボタンを迅速に、一〇〇〇個をわずか一〇ドルあるいはそれ以下で配達します！」とある。シンプルなデザインのトップページには、買い物カートの緑色のアイコンとともに、「いますぐフェイスブックの『いいね！』ボタンを注文」とあった。

その下には、「一〇〇％保証で、迅速な配達、最低価格を提供します」とある。さらに短くこう説明されていた。

- ご注文がなんらかの理由で完成しなかった場合、または「配達後」に「いいね！」ボタンが消えている場合、料金は一〇〇％返金します。
- ご注文後、大抵の場合は二四時間以内に「配達」します。それよりも早く必要な場合は、メールをいただければ数時間で「配達」することも可能です。

・一〇〇〇個の「いいね！」ボタンごとに一〇ドルあるいはそれ以下でご注文を受けております。それより多くご注文される場合は割引価格もあります！

さらに、全てのご注文は、迅速な配達、一〇〇％料金返金保証、二四時間サポート、三〇日以内無料再アップ、電子メールによる報告を含みます、とあった。

偽「いいね！」ボタンや偽フォロワーを増やす手法は、安物の洋服メーカーと同じで、労働賃金の格差を利用している。大抵の場合は、ソーシャルメディアマーケティング会社としてのブローカーが欧米の都市部に小さなオフィスを構え、注文があると、賃金が低いが共通語としての英語を理解する「下請け労働者」のいるインド、フィリピン、バングラデシュなどへ発注する。「アラブの春」でソーシャルメディアの普及がみとめられたエジプトのカイロも「偽『いいね！』ボタンの中心地」といわれる。

バングラデシュの首都ダッカは「偽『いいね！』ボタン」の受注で繁盛し、全体の三〇％から四〇％の偽「いいね！」ボタンを生産しているという「クリック農場」が多い都市だ。クリック農場では、狭く暗い部屋に押し込められた「労働者」が、「いいね！」ボタンやツイッターのフォロワー一〇〇〇個分を、わずか一日一ドルの賃金で集めている。偽「いいね！」ボタンを二〇〇〇個、ツイッターの偽フォロワーを三〇〇〇人、ユーチューブのアクセス数千件など、パッケージにしてわずか二五ドル（約二六〇〇円）で売られていることもある。

そこまでしてなぜ、ソーシャルメディアのアクセス数を多く見せなければならないのか。たとえ「偽人気」であるとしても、「いいね！」ボタンが多いほうが歌手のＣＤやｍｐ３を買いたいと思う消費者が増えると期待できるからであって、ソーシャルメディア上、「人気がある」ことが則、金銭的利益につながるようになったために、新しいニッチ市場が生まれたのだ。

求められるニュースの読解力

二〇一六年、スタンフォード大学歴史教育研究グループ（ＳＨＥＧ）が、若者の「ニュース読解力（リテラシー）」について研究報告をした。

ソーシャルメディアのフィードについて、フェイスブックやツイッターのニュース、読者のニュースサイトの書き込み、ブロガーの文章や写真など、いわゆる現代の世論を形成する情報源について若者がどのように受け止めているかが調べられた。それで判明したのは、ソーシャルメディアとともに育ってきた世代が、デジタルメディアが発信する情報に対し、いかに無警戒かということであった。

たとえば、あるサイトを見て、どれがニュースで、どれが広告記事であるかということを約二〇〇人の中学生に聞いてみたところ、八〇％以上が、「スポンサー記事」とあった広告記事を、ニュース記事であると思っていた。また、検証済みのニュース記事と偽ニュースを高校生に見せたところ、三〇％の学生が偽ニュースのほうがグラフもあって本物に見えると答えた。

報告によれば、ソーシャルメディアに慣れ親しんで育ってきた若者は、情報源を確認し、その内容が本当であるかどうかを調べようとせず、ソーシャルメディア上にある情報を鵜呑みにしがちだという。

大学生を対象としては、学生がネット検索で得た情報のうち、反対の意見がどう間違っているか、相対する内容の情報をどう理由づけするか、信用できるウェブサイトであるか、などが調べられた。大学生レベルでも、やはり「本物に見えるウェブサイトに書いてある偽ニュース」を信用しがちであったという。

これに対し、アナログ時代のマスコミ情報に慣れ親しんできた者であれば、ネット検索によって見慣れないサイトが出てきた場合、そのサイトがどういう組織であるか、誰が出資しているかなど、サイトの信用度をチェックするであろう。

信用できるサイトかどうか、目安はいくつもある。まずサイトについての紹介の文章を熟読してみる。特定の企業が隠れて出資していないか、中立的な機関に見えるが企業の広報がバックアップしていないか。さらに、提示された検索リストを下のほうまでざっと見て、URLがどうなっているか、サブタイトルは何か、など、検索で一番上に出てきたリンクをクリックするのではなく、全体を見てからどこを読むか選択することも重要だ。

二〇〇〇年代初頭に成年期を迎えた「ミレニアル世代」の若者は、フェイスブックで政治に関するニュースをシェアすることにあまり関心がないという。次世代の若者たちは生まれたときからスマホをはじめとするデジタルのガジェット（小道具）に囲まれて育った「ポスト・デジタルネイティブ世代」だ。

いまはまだアナログ世代とデジタルネイティブ世代が共存している。あと一、二世代が過ぎれば、完全にアナログ世代がいなくなる。そのとき、デジタルネイティブ世代の住む世界はどうなっているのであろうか。

第四章　ロシアのサイバー作戦が欧米のポピュリズムを扇動する

――ロシアから「ボット」をこめて

ＩｏＴで高まるハッキングの脅威

この一〇年間が、個人レベルでスマホが急速に普及した時代とすると、今後一〇年間はおそらくＡＩバーチャルアシスタントのスマートスピーカーをはじめとする家電製品など「モノのインターネット（ＩｏＴ）」の時代となるだろう。

ウイルス対策のソフトウェア「カスペルスキー」で知られるユージン（ロシア名はエフゲニー）・カスペルスキーによると、ＩｏＴ（Internet of Things）とは、すなわち"Internet of Threats"（脅威のインターネット）であるという。

カスペルスキーは、米NBCのインタビューで「一般的なサイバー犯罪者の手法がよりプロフェッショナルになってきている一方、政府がマークしているサイバー犯罪者の数は世界に一〇万人はいる」と語った。今後、爆発的に普及すると予想されるIoTはハッカーに、セキュリティーの盲点を突く絶好のチャンスを与える可能性が大きい。モノのインターネットの普及は、まったく違うレベルで監視社会の到来の可能性を秘めているだけでなく、デバイスを通じてハッキングされるセキュリティーリスクを拡大させる。

家電製品の「スマート機器」では一般のネットデバイスよりセキュリティーを確保しにくい。ネットにつながった家電製品を介してコンピューターに入り込み、「ランサムウェア」を送って身代金を要求し、払わない場合は、コンピューターをはじめとするネットデバイスがロックされるといった事件も多発するかもしれない。「スマートテレビ」や「スマートコーヒーメーカー」が使えなくなっても命にかかわることはないが、もし、自動運転のスマートカーがハッキングされた場合、搭乗者のみならず、歩行者やほかの車にとってもリスクとなる。

カスペルスキーによれば、「サイバー犯罪者は、スマホなどモバイルデバイスをハッキング攻撃すれば、一件あたり一〇〇〇ドルから五〇〇〇〇ドルの報酬を得ることができる」という。

サイバー犯罪者は、社会不安をあおることもできる。たとえば、ソーシャルネットワークを使って「クーデターが起こり、戦車が出動、首都では往来で市民が銃を突きつけられている」という偽ニュースを流布させて大衆を混乱させることも可能だ。

カスペルスキーは、国境を越えるサイバー犯罪の危険性を警告し、なんらかの規制や対抗措置の構築が国際的な協力で必要であると主張し続けている。ウイルス対策のソフトウエアを売る会社のCEOがセキュリティーについて警告するとは、自社の製品のセールストークとも受けとれるが、ここで気になるのはカスペルスキーの経歴である。

幼いころから突出した数学の能力をあらわしたカスペルスキーは、選抜された生徒だけが入学を許可される旧ソ連の諜報機関KGBの特別校、クリプトグラフィー（暗号技術）研究所で情報コンピューター科学を学んだ。そして一六歳のとき、ロシア軍将校とKGBの官僚を養成する学校に入学し、五年間、精鋭のコンピューター専門家となるための教育を受けた。その後、旧ソ連軍でソフトウェアのエンジニアとして従事した一九八九年一〇月、カスケードと呼ばれるマルウェア（不正プログラム）を発見し、これを独自に分析。その後独立し、開発したウイルス対策のソフトウェアを商品化し、自身の名前をブランド製品名とした。

カスペルスキー社はアンチウイルスのソフトウェアの売り上げの世界ランキングで六位。世界三二カ国にオフィスを構え、『フォーブス誌』の二〇一八年長者番付では一六五〇番目に位置づけられている。その資産は推定一四億ドル。創業から二〇年、定評を得ているカスペルスキー社のアンチウイルスのソフトウェアの利用者は世界中におよそ四億人、製品の半分は企業や政府関連のコンピューターで使われている。

これまでにもカスペルスキーとロシア政府との関係に疑惑の目を向けるメディアはあった。二〇一六年の大統領選挙へのロシアの関与をめぐり、カスペルスキー社とロシア政府の協力体制がＦＢＩの調査対象の一環ともなった。

ネット雑誌『ワイヤード誌』（二〇一二年七月二三日付）によれば、カスペルスキー社は、ＦＳＢ（ロシア連邦保安庁、旧ＫＧＢの後身の一部）と協力体制にある疑いがあるという。ロシアで起業して成功するためには、政府との連携が不可欠であるからだ。

二〇一七年九月一三日、アメリカ政府は「国家機密が漏えいされる可能性」があるとして、政府関連の事務所のコンピューターから、九〇日以内にカスペルスキー社のウイルス対策のソフトウェアを外すよう、指令を出した。

一カ月後、ワシントンの北、メリーランド州に住むあるプログラマーの男性の自宅が強制捜査された。男性は、エドワード・スノーデンも勤めていたブーズ・アレン・ハミルトン社に勤め、NSA（アメリカ国家安全保障局）の下請け業務を行っていた。

自宅のコンピューターにカスペルスキー社のウイルス対策のソフトウェアを搭載していた男性は、仕事に関する膨大な資料を自宅に持ち込んでいた。ロシアのサイバー部隊は、カスペルスキー社のソフトウェアが搭載されたコンピューターを一種の「検索エンジン」として使い、NSAのコンピューターに入り込んだと見られている。ウイルス対策のソフトウェアはロシアによるスパイ活動の一環であったのだろうか。カスペルスキー社は、ソフトウェアのプログラミングコード（演算詳細）を提出したが、本稿を書いている時点で、FBIのカスペルスキー社に関する捜査は継続中で、真相は解明されていない。

なお、この事件の突破口を開いたのは、イスラエルの諜報機関であったとされている。

スパイがスパイを監視し、それをさらに別のスパイが監視する。人間の弱みや欲を狙って情報を引き出すヒューミント（人と人のあいだの諜報活動）の能力が重視された、かつての冷戦時代とはまったく違うレベルで、現代の諜報活動では、高度なデジタルの「シギント」（シグナルインテリジェンス）と「コミント」（コミュニケーションインテリジェンス）の技術が問われている。

ハッカーは発電所を狙うのか

カスペルスキーは、「ネットの最大の脅威は、サイバー犯罪者が発電所や原子力発電所を狙う場合である」と言う。これは必ずしも想定外とはいえない。現代人がその生命線ともいえる電力を奪われればどうなるのか。

ドイツ語圏でベストセラーとなった近未来小説に『ブラックアウト』（二〇一二年）という作品がある。

コンピューター専門家で元ハッカーの主人公は、イタリアの各住宅に備えつけられた「スマート電力メーター」がハッキングされたことを突きとめた。ところが、イタリアだけでなくヨーロッパ全土の電力会社が同時にハッキングされ、停電が二週間以上続く。

停電になると、電気が消えたあと、やがて水が出なくなる。人々はエレベーターに閉じ込められ、銀行のATMでは現金を引き出すことができなくなり、病院は閉鎖された。食料品は冷蔵機能が奪われたため腐っていく。コミュニケーションの手段が奪われ、車のガソリンを入れることもできない。移動の手段もなく、自宅の暖房はつけられなくなる。スペインやポルトガルでは軍によるクーデターが起こり、暴漢やテロリストたちが破壊活動を始め、原子力発電所では冷却装置が作動しなくなる……という筋書きだ。オーストリアの作家、マルク・エルスベルグが描く現代人が直面しうる近未来小説は、ドイツ語圏で一〇〇万部以上の売り上げを記録した。

政府がハッカーとともにハッキング活動をしている国は、アメリカとロシアのほかにイスラエル、中国、ブルガリア、ルーマニア、ウクライナ、そして北朝鮮とされる。エドワード・スノーデンは、アメリカ政府が親アメリカの友好国（日本を含む）に対しても、万が一、反旗を翻された場合に備えて、マルウェアを忍び込ませ、ハッキングする用意をしていることを暴露した。

近年、政府関与のサイバー攻撃は水面下で盛んになると同時にその手法も洗練されてきているると推測されている。ロシアによるウクライナへのサイバー攻撃も、ここ数年、激しく行われ、ウクライナはロシアにとってサイバー攻撃を試すための「試験場」となったともいわれている。

きっかけとなったのは二〇一三年末、ＥＵ加盟申請を棚上げにしたウクライナ政権に対して市民の反発が強まり、「ユーロマイダン運動（マイダンはウクライナ語で「広場」という意味）」と呼ばれるデモに発展したことであった。親ロシアのヤヌコービッチ大統領は国外に脱出し、親ＥＵで親ＮＡＴＯ（北大西洋条約機構）のポロシェンコ大統領が就任。しかし、ロシアは黙って静観していたわけではなかった。

ロシアはまず「偽ニュース」で対抗した。ウクライナの首都、キエフに「ファシストたちが侵入して蛮行を働いている」ため、市民に逃げるよう、偽ニュースを流した。偽ニュースは、二〇〇四年、ロシア政府が設立した放送局の「ＲＴ（Russia Today）」やラジオ局「スプートニク」、ソーシャルメディアによって拡散された。

「キエフは反ロシア」というメッセージはウクライナ東部のクリミア半島のロシア人たち

にも届いた。偽ニュースの中には、「キエフで西ウクライナの兵士がロシア人の幼児を捕まえて刺し殺し、木製の板に張りつけた」というものもあった。

ロシアは、「ウクライナでロシア系住民に対する迫害が行われている」と流布することで、ウクライナ国内の世論が分断されることを目論んだのだ。首都キエフの住民はまったく動じなくとも、キエフ以外に住むウクライナ人は状況が確認できずに不安にかられるばかりだ。

「クリミア半島から数千人の住民がロシアへ避難している」という偽ニュースが出る以前に、ロシア政府は難民収容所を用意していたという。

やがて「緑の小人たち」と呼ばれる武装集団があらわれ、「ロシアの戦車が市民を守るために到着」した。「情報戦争」が本当の戦争に発展したわけだ。その後、クリミアの住民によるウクライナからの独立をめぐる住民投票が行われた。住民の六割がロシア人なので、結果は明らかである。

一方、ロシアはウクライナに対し、その後もサイバー攻撃を続けている。二〇一五年一二月二三日、ウクライナの電力会社にクラッシュ・オーバーライドというマルウェアが送られ、「マウスがハイジャック」された。職員の目前で、電力会社の制御室のコンピューター画面上のカーソルがひとりでに作動し、数十万人のウクライナ人がクリスマスを二日後に控え、電力を奪われたのである。停電になったのは夜中の零時ぴったりであったというから、一二月の厳冬の中、暖房を奪われた市民の不安はさぞ差し迫ったものであったに違いない。

二〇一四年のウクライナ騒乱以前には、自称サイバー・ベルクト（Cyber Berkut）というロシアのハッカーが、ウクライナの中央選挙事務所のウェブサイトをハッキングし、ロシアが支持する極右の大統領候補、ドミトロ・ヤロシュが当選したと虚偽の発表をした。

ロシアによるハッキングは二〇一五年秋から増え続けているという。

二一世紀のポスト冷戦はサイバー戦争か

ロシアのサイバー攻撃は、ウラジーミル・プーチンが二〇一二年に再度、大統領に就任してから活発になっている。

ロシア軍参謀本部のヴァレリー・ゲラシモフ参謀総長が二〇一三年一月にロシア軍研究

アカデミーで行った年頭スピーチは、ロシアの姿勢を単刀直入にあらわしているといわれる。

「二一世紀は戦争と平和の境が消える。戦争は布告されることなく始まり、いざ始まるとこれまでにはないパターンで展開される……〝戦争〟の形は変わった。政治経済など市民の抗議運動を活用し、広範囲で拡散されるディスインフォメーション（情報かく乱）の〝非軍事活動〟によるものとなるだろう」

スピーチでは、最初から力ずくで軍事行動に訴えて政権交代や市民の制圧を意図するのは過去のものであるとされ、「ディスインフォメーションは時に軍事に訴えるより強力な威力を発する」と意味深長な発言であった。

ヨーロッパと北アメリカの対話を促すため、主要国の要人で構成されるシンクタンク、アトランティック・カウンシル（大西洋評議会）は、「ロシアは単に二〇一六年のアメリカ大統領選に影響をおよぼそうとしただけでなく、民主主義そのものを混乱させることが目的である」と見ている。

欧米の外交専門家と学者四〇人によるある報告書は、「ロシアの脅威は二〇一六年アメリカ大統領選挙における以上の脅威」とし、ロシアからの情報作戦が欧米の民主主義に大きなダメージを与える可能性について備えるべきであると警鐘を鳴らしている。

アメリカ共和党のジョン・マケイン上院議員は「世界の安全保障上、プーチンはテロ組織のイスラム国（ＩＳ）より危険だ」と訴え、「民主主義を根本から破壊しようとするロシアの動きも大きな脅威だ」とオーストラリアのテレビ局のインタビューで述べている。

冷戦時代、米ソによるプロパガンダや偽ニュースの拡散によるディスインフォメーション作戦は、あたりまえだった。しかし、サイバー時代になって、ディスインフォメーションが伝わる速度と拡散の範囲は劇的に変化した。ソーシャルメディアでの偽ニュース拡散によって社会を分断、かく乱し、民主主義を相対的に弱体化させ、自国の外交に有利なムードをつくりだす。ポスト冷戦時代は、サイバー戦争時代でもある。

ロシアのトロール部隊

ロシアからのハッキングは電力会社を実際に機能不全にさせることも可能だが、偽ニュースによるディスインフォメーションで、「ターゲットとされた政府が機能していない」

と喧伝し、「民主主義は不完全で信用できない」、ということを印象づけることをも目的としている。

サンクトペテルブルクの「インターネット・リサーチ・エージェンシー（ＩＲＡ）」でネット上で虚偽の書き込みを組織的に行う「トロール・ファーム（部隊）」で働いていた女性、ルッドミラ・サブチュックが、二〇一五年四月、自身の経験からネット上の親ロシアの書き込みがどのように行われていたかをＡＦＰ通信や『ガーディアン紙』で暴露した。

サブチュックは、ロシアで人気のロシア版フェイスブックの“V Kontakte”、フェイスブック、ツイッター、インスタグラム、そしてロシアのニュースサイトに毎日一二時間、平均して一〇〇以上の書き込みを、主婦、学生、スポーツ選手の三人の偽プロフィールを使い分けながら行っていた。

毎日、出勤するとルーティンは決まっていた。まず発信元を消すために、ＩＰアドレスを隠すネットのプロクシーサーバーにログイン。拡散すべき「今日の意見」のテーマ・リストを受けとる。いずれもニュース性のある話題ばかりで、「プーチンは最高」、「ウクライナ人はファシスト」、「ヨーロッパは腐敗している」などの単純な書き込みだけではない。

野党の指導者であったボリス・ネムツォフが暗殺されたときは、「プーチン大統領にダメージを与える目的で、実は反政府勢力内に殺害命令を出した人物がいた」というひねりのあるコメントを出したり、ロシアの通貨、ルーブルの値が急降下したときは「すでに回復へ向かう兆候が見られる」という親ロシア的観点からのコメントを出していた。

「仕事は常にロシア政府を支持し、プーチンを礼賛し、ロシアに敵対する反体制派やアメリカの信用を下げるためのコメントを書くことだった」とサブチュックは証言している。

ロシアのトロール部隊については、反体制派のロシアの独立系新聞『ノーバヤ・ガゼータ紙』の記者が、IRAのトロール部隊に応募し潜入ルポを書いている。

それによると、サンクトペテルブルク郊外の事務所だけで四〇〇人のスタッフが日々、ネットへの書き込みを行っていた。IRAではロシア語だけでなく外国語で書き込むスタッフも雇われ、「ネット研究のため、編集者およびコンテンツ・マネージャーの募集をします」という広告で人員が募集されていた。

なお、このようなトロール部隊は、ロシア各地に数千人いるということだ。アメリカ国家情報長官室（ODNI）の二〇一七年一月の報告書によれば、IRAはプーチン大統領に近しい富豪から運営資金を得ているとあった。

その富豪とは、エフゲニー・プリゴジンというオリガーク（新興財閥）。プリゴジンの名は、アメリカ大統領選挙で不正介入したとして、二〇一六年二月にアメリカ司法省による起訴状リストのトップに明記されていた。ＩＲＡはプリゴジンの資金によって運営されており、起訴状にあった三社ともプリゴジンが関与している。

プリゴジンは「プーチンの料理人」と呼ばれる人物だ。「料理人」がなぜトロール部隊を営んでいるのだろうか。それは、「皿洗いからオリガーク」になったといわれるプリゴジンの経歴と関係している。

青年期に窃盗を重ねたプリゴジンは、組織犯罪に関与した罪で一二年間の拘留刑に処せられた（その後、九年に減刑）。釈放されたとき、ソ連邦は崩壊しており、ホットドッグのスタンドを始めたことがきっかけでスーパーマーケットのマネージャー、レストランの経営者となり、サンクトペテルブルクに高級レストランを開店した。そこへやってきたプーチンにたいそう気に入られ、店の常連となった。プリゴジンのレストランはプーチン大統領が要人をもてなす場となり、ジャック・シラク大統領や安倍晋三（あべしんぞう）首相も訪れている。その後、学校給食やロシア軍の食事のケータリングを請け負い、とんとん拍子に事業を拡大していった。

プリゴジンがインターネットの威力に気がついたのは、あるとき、経営する会社が配給していた学校給食のひどさをネットに書き込まれ、これに対抗するため、料金を払ってべた褒めをする偽コメントを書かせたときであったという。「批判するコメントを書く側は組織されていない」ことに注目し、「こういった少数意見を封じ込めるのは簡単だ。これを政治に使ってみてはどうか」という発想であったと推測される。

なお、アメリカ司法省がロシアのトロール部隊に関与する法人三社と一三人を起訴したからといってトロール部隊の活動がやむ気配はない。

ネット人口が国民の五〇%といわれるロシアで、トロール部隊が拡散するプーチン支持のメッセージは自動発信のボットも含め、「史上最大のトロール産業」ではないかと、『ニューヨークタイムズ紙』は書いている。

デジタルサイバー戦争の時代

ロシアのトロール部隊は単にネット上の書き込みをするだけではない。集会も催し、それをソーシャルメディアで告知、拡散していた。

ロシアは少なくともアメリカの一七の都市で、実際の集会をフェイスブックの告知によって組織した。たとえば、フロリダでの集会に関するフェイスブックのサイトにはこうあった。

フロリダはトランプを応援する（Florida goes Trump）：
全国愛国者のフラッシュ・モブの集会開催予定　八月二〇日土曜、二時
後援団体：愛国者たち（Being Patriotic）

サイトにはトランプが野球帽をかぶり、その横でヒラリー・クリントンがオレンジ色の囚人服を着て格子の中にいる写真が掲載されていた。

このアカウントは二〇一七年八月、ＩＲＡがつくったアカウントであるということがアメリカ国家情報長官室によって確認され、報告書に記載されている。同アカウントの書き込みはトランプ支持、反クリントンの「ミーム（ネット上の象徴的シンボル）」を並べ、フェイスブック上にはほかにも「国境を守ろう！」、「テキサスの心」など、似たようなアカウントが複数あった。

アイダホ州での集会の告知は、「難民より市民を優先しよう」とあり、講演会の開催元は「国境を守ろう！」という団体。いずれも日時と場所が明記されている。すべてロシアのトロール部隊からの発信だという。

ロシアはフェイスブックにも偽アカウントをつくり、偽プロフィールの「アメリカ人」が反クリントンのトランプ支持者として数々のメッセージを発信していた。たとえば、あるブラジル人は娘とともに写した写真が「盗まれ」、ペンシルベニア州に住むトランプ支持者としてフェイスブックに登場していた。つまり、実在の人物が架空の「アメリカ人」として、プロフィールごとハイジャックされたのであった。

ロシアはクリントン候補のネガティブ広告とトランプ候補支持の広告のため、一〇万ドルをフェイスブックに投入したとされる。フェイスブックは、アメリカ議会の要請で、ロシアの機関が購入したと思われる三〇〇〇のフェイスブック上の広告の詳細を、議会に提出することを余儀なくされた。

元FBI職員、クリント・ワッツは、上院議会の情報委員会でクレムリンのプロパガンダ機関の「RT」や「スプートニク」に言及し、ロシアの「グレーなニュース機関」が偽ニュースや陰謀説を容易に拡散していると警告した。

ロシアのサイバー攻撃を想定していた仏マクロンのチーム

NSAのマイケル・ロジャーズ局長は、二〇一七年五月九日、議会の上院軍事委員会において、フランス大統領選挙に先立って、エマニュエル・マクロン候補に関する偽情報がネット上に公開され、再度、ロシアが選挙に悪影響をおよぼそうとしていることについて警鐘を鳴らした。

NSAの警告に先立って、ネットセキュリティー企業のトレンドマイクロ社（本社、東京）は、マクロンの選挙事務所が使用しているマイクロソフトがクラウドサーバー上に保存していた文書が、ヒラリー・クリントンの電子メールをハッキングした同じロシアのチームによって盗まれたとの報告書を出していた。ロシアのハッカーは、ポーン・ストーム、APT28、ファンシー・ベア、コージー・ベアなどと呼び名もいろいろだが、マクロンの選挙事務所から流出した電子メールのメタデータの中には、キリル文字で書かれたロシア語の文書もあり、ロシアの諜報機関の下請け会社、ユーレカ社の名も含まれていたという。

選挙の一カ月前からマクロン率いる「共和国前進」のホームページや選挙キャンペーン本部のサーバーがハッカーによる攻撃を頻繁に受けていた。ロシアのディスインフォメーションは活発に行われ、フランスの保守中道政党の「国民運動連合（共和党に改名）」の国会議員、ニコラス・デュイックはロシアのニュース配信社である「スプートニク」に登場し、「マクロンはアメリカ金融界の手先」、「マクロンを支援しているのはゲイのロビイストたち」などと、マクロンに関する醜聞を捏造（ねつぞう）、フェイスブックやほかのソーシャルメディアによって拡散させた。ツイッターにはマリー・アントワネットらしき姿にマクロンの顔写真をモンタージュした「マクロン・アントワネット」や、イスラム教賛美者としてのマクロンなど、さまざまな偽ニュースや偽プロフィールが横行した。

一方、マクロンの選挙陣営のサイバー対策チームは、わずか一八人で構成されていたが、選挙直前にハッカーやトロール部隊、ボットによる妨害活動が活発化することを予想して、事前対策を練っていた。ロシアからのサイバー攻撃は必ずあると予想されただけに、逆に「サイバーかく乱戦」に出たという。

数十個の偽メールのアカウントをつくり、偽情報をネットで流すことで、ロシアからのサイバー攻撃チームやボットが数分でも足止めされることを目指した。ロシアからの攻撃者はよほど急いでいたのか、一部の文書にデジタル足跡を残していたため、ロシアからの攻撃であることが確認された。マクロンのチームを率いるムニール・マジョビのもとには、「自分の名前を騙ったメール」も送られてきたというからよほど差し迫っていたと思われる。実は、マクロンのチームは半年前から「高性能のフィッシングメール」を受信していた。フィッシングメールとは、実在のスタッフ名に似せてあたかも信頼すべき人物から送られてきたかのように見せて、パスワードなど重要な情報を引き出すための「おとりメール」のことである。チームには、大統領選の数日前も「サーバーがハッキングされる可能性があるので添付ファイルをダウンロードするように」というメールが送られてきた。

その手法から、マクロンの選挙チームに攻撃をかけたのは、アメリカの民主党のサーバーをハッキングしたGRU（ロシア軍参謀本部情報総局）の精鋭サイバーチームのAPT28ではなく、民間のサイバーチームが委託されたものと予想された。もっとも、すべて典型的なロシアのプレイブック（マニュアル）に沿ったサイバー攻撃であった。

マクロンに関するソーシャルメディアの書き込みにはアメリカ人とロシア人も多く、稚拙なフランス語や英語で書かれていたため、フランス人は本気にしなかったともいわれる。また、フランス人はアメリカ人ほどソーシャルメディアを情報源として使っていないということもマクロンに有利に働いたようだ。

ロシアのトロール部隊の狙いは情報かく乱

アメリカ大統領選後、欧州議会は「ロシアからのディスインフォメーションおよびプロパガンダ〝戦線〟が西側陣営の政治に影響をおよぼす可能性について警告を発し、それが「時には非軍事作戦となって、大胆な手段を組み合わせている」と断定した。二〇一七年二月、毎年ドイツで行われるミュンヘン安全保障会議でもロシアのセルゲイ・ラブロフ外相は、ロシアが目指すところは「ポスト西欧世界秩序の構築」と述べた。

アメリカの諜報機関であるCIA、FBI、NSAの諜報活動をもとに、二〇一七年一月、国家情報長官室（Director of National Intelligence）がまとめた報告書はネット上で読むことができる。この「アメリカ大統領選に関するロシアのサイバー行動と意図の分析に関する背景報告書」では、ロシアのメディアとサイバー作戦を組み合わせたディスインフォメーション戦略がこれまでになく多方面から、大胆に、しかもそれが「ニューノーマル（新しい普通）」になったと断定した。

報告書では、ロシア軍の諜報機関であるGRUが"Guccifer 2.0"と呼ばれる自称フリーランスのルーマニア人ハッカーを使い、ウィキリークスと"DCLeaks.com"のプラットフォーム上に民主党のサーバーから盗んだファイルを公開したこと、また、"Guccifer 2.0"は複数かもしれないこと、手段は五つのステップを踏んでいたことなどが記されている。

まずネット内を「偵察」、次に偽メールやマルウェアを送り「フィッシングによるバックドア」からコンピューターに侵入、必要な文書を発見したあとは、それをダウンロードして、潜入完了。すべてユーザーが気がつかないうちに終えなければならないという。

報告書にはさらに、ロシア政府のプロパガンダメディアである「RT」と「スプートニク」、そしてトロール部隊がトランプ候補を優遇し、クリントン候補に不利な「情報」を発信したとあった。特にクレムリンが発信する「RT」のニュースは、アメリカの政治を歪曲した報道で、アメリカ人の不満を増大させようとした。ユーチューブで視聴することができる「RT」英語版はアメリカで九〇〇万近いページビュー数で、「BBCワールド」のページビュー数を超えていた、としている。

なお、ロシア政府は欧米の姿勢について「冷戦時代並みの過剰なヒステリー」として選挙に関する関与を否定している。

不安をあおる新興右派政党の台頭

二〇一七年九月、ドイツの連邦議会選挙ではメルケル首相の再選が確実視される一方で、新興右翼政党「ドイツのための選択肢」（AfD）が選挙前から議会入りすると予想されていた。

結果はAfDが一二・六％という予想以上の得票率を得て、初めて議会入りをはたした。

前回の連邦選挙の二・六倍の得票率である。AfDは、議員定員数が七〇九人の連邦議会において、九四の議席を得た。

一方、メルケル首相率いるキリスト教民主同盟・社会同盟（CDU／CSU）および連立政権を組んでいた社会民主党（SPD）はAfDに大きく票を奪われて一〇五議席を失い、メルケル首相にとっては辛勝となった。一九四五年以降、ドイツで全国レベルの連邦議会に右翼政党が進出するのは初めてのことである。

AfDはユーロに反対する党として二〇一三年に結成されたばかり。二〇一三年の総選挙では得票率が四・七％と議会入りするには至らなかった。ドイツは、ワイマール憲法（一九一九年）によって小党乱立となったことがナチス独裁政権誕生の一因になったという反省から、得票率五％以上を得ない限り政党は連邦議会において議席をもてないという「五％条項」をドイツ憲法である基本法にもうけている。

AfDが、これほど短期間に支持者を伸ばしたのは、二〇一五年秋から続く「難民危機」の対処をめぐり、メルケル首相への国民の不満が募っているからだ。反難民、反メルケル、反イスラム化を訴えるAfDは「ドイツをイスラム化から守る」、「ドイツ国民第一」というスローガンで現政権に不満をもつ人々の心をつかんだ。

同性者同士の結婚をみとめず、保守的価値観を掲げ、右翼的ポピュリズム政党ともいえるＡｆＤはこれまでにも党員たちによる過激な発言で物議を醸してきた。「ホロコースト記念碑はドイツの恥だ」とか「不法難民は射殺する可能性も検討するべき」などと、戦後ドイツでタブーとされてきた問題発言をすることでニュースにとりあげられた。ＡｆＤの手法は、ヨーロッパ各地で台頭するポピュリズムと同様、まずはセンセーショナルな発言をし、それについて議論をまき起こして注目を集める。現与党に不満をもつ人々にとって、「左派系エスタブリッシュメントの偽善とおごり」に真っ向から対立するという構図に見える。

ＡｆＤの支持者には、「ドイツ統一後に約束された繁栄から取り残された」と感じる東部の州に住む白人男性が多く、特に失業率が高いザクセン州ではＡｆＤの支持率は二七％で、第一党となった。ほかにも、東部のチューリンゲン州、ブランデンブルク州など、ＡｆＤは東部で支持者が多い。しかし、それだけではなかった。

ドイツのベルテルスマン財団によると、「ＡｆＤを選んだ有権者の三分の二は、時代の変化について行けない人で、二八％が最低所得の人々」ということだ。従って、西部の州でもＡｆＤの支持者が極端に高い地域があちこちに見られた。ドイツ全体で見れば経済が順調であるものの、経済好調の恩恵にあずかれない人々の不満が難民危機にあおられて、一気にＡｆＤ支持に向かったようだ。西部の州でも都市部以外で、ＡｆＤの支持者が多い地域では、外国人の居住率が低いということがいずれも共通していた。彼らは、自分たちが日常で触れることがない「未知の人々」を恐れ、不安を募らせている。

難民危機とネットポピュリズム

ＡｆＤが高い支持率を得た地域のある支援集会に行ったことがある。バイエルン州のメッテンというその村には、保守的なキリスト教社会同盟（ＣＳＵ）の支持者が多く、ドイツに次々にやってくる難民のため、不安が高まっていた。

「危機が起こってもしばらくはじっと観察しているのが日和見主義のメルケルさんですよ」と向かいに座っていた高齢女性は口角泡を飛ばしながら憤慨極まりない様子だった。集会には地元の政治家や政府関係者も揃い、「ドイツ人少女たちが難民に襲われる心配」

に関する質問ばかりが続いた。

確かに二〇一五年九月、ドイツを襲った「難民危機」は異常であった。連日のように大量の難民が南から東から徒歩、あるいは列車で到着する様子がテレビで放映された。ミュンヘンの中央駅には一日で二万人が到着することもあった。

そして数カ月後、「難民」をめぐる事件が起こった。

ベルリンのロシア系ドイツ人が多く住む地域で、一三歳のロシア系少女「リサ」が誘拐され、「三人のアラブ人の若者」によって暴力をふるわれた末、強姦されたという。結局、少女は翌日、何ごともなかったかのように帰宅した。警察の調査によれば、家族に無断で男性の友人のところに泊まっていただけで、「アラブ人たちに集団暴行された」というのは、少女がついたうそであった。

どこからあらわれたのか、「リサを凌辱した者たちを裁け！」、「私たちの子どもを守れ！」と怒れる群衆が、突然、ベルリン郊外でデモを始めた。そのころまでにはロシア系のコミュニティーで流言飛語がひろまり、フェイスブック上で「非道な事件」は一人歩きしていった。

ロシア国営のテレビ局「チャンネル1」は、「メルケル首相が中東からの身元調査がされない難民の流入を防げない」、また、「警察が怠慢で犯罪者を逮捕できない」、「ドイツ人が危険にさらされている」、と大々的に報道。続いてベルリンではドイツの極右政党、国家民主党（NPD）がロシア系が多く住む地域で「外国人の流入をストップさせろ！」、「国境を封鎖しろ！」とデモを始めた。少人数のデモながらロシアのテレビニュースで放送するには格好の材料だ。ニュース映像はユーチューブでも流され、数千回のクリックが記録された。ニュースでは街頭で叫ぶ女性が「警察で三時間も一人で尋問されたかわいそうなリサちゃん」と繰り返していた。

ドイツの報道機関は、ロシアのメディアによる一連の「リサちゃん報道」に辻褄の合わない点があると指摘。にもかかわらず、ベルリンの首相官邸前にはメルケル首相に抗議する群衆が集まった。ロシアの外相までテレビで「ドイツ政府は立場を守るため、何か隠しているはず」と発言し、外交問題にまで発展した。

ロシア系ドイツ人が支持する新興右派政党

現在ドイツに住む、旧ソ連や旧ドイツ帝国領土からの「移住者」のグループは、およそ五〇〇万人。旧ソ連、ポーランド、チェコ、ルーマニアなどの旧ドイツ帝国の領土を追われた人々は、祖先がドイツ人であったと証明されれば「ドイツ系」としてドイツへの帰国が許可され、ロシアとドイツの二重国籍を得ることができる。

中でも以前「ボルガドイツ人」と呼ばれたロシア系ドイツ人の有権者は二四〇万人いる。一八世紀、ドイツからロシアにお輿入れし、のちにロシア帝国の長となった女帝エカテリーナ二世の招聘でドイツから主にボルガ川周辺へ移住していったドイツ人たちの子孫は、数世代をへて一九九〇年代初め、ソ連邦の崩壊後、当時のコール首相が積極的に受け入れ、「帰国」を促された人々である。一九九一年から一九九五年のあいだには毎年二〇万人のロシア系ドイツ人がドイツへやってきた。

彼らはロシアでは「ドイツ人」と呼ばれ続け、「帰国」したはずのドイツでは「ロシア系ドイツ人」と呼ばれる。「移住者たち」の多くは長年、ドイツに住んでいるにもかかわらず、完全に同化できてはいない。そして、ボンのボリス・ネムツォフ基金によると、ロシア系ドイツ人の四〇％以上が「ＲＴ」と「スプートニク」のニュースを主要情報源としている。

ロシア系ドイツ人が多い街の投票数を見ると、これまでCDUに投票していた人の多くがAfDへと移ったことが読み取れる。彼らの多くは高齢となり、年金も少ないと感じている。かつて一九六〇年代から、高度成長期に大量にやってきたトルコ人は現在、第三世代となりドイツ語をしゃべり、ドイツに同化している場合がほとんどだ。しかし、ロシア系ドイツ人はロシア語が母国語であってドイツ語には訛りがある場合が多い。

ドイツの都市ではところどころにロシアの食材や新聞を売っている店を見かけるが、ロシア系ドイツ人には、ロシアを懐かしく思い、家族を重んじる伝統的な保守主義者が多い。彼らの多くは同性婚も認めず、ドイツが中東や北アフリカなどから大量の難民を受け入れることに激しく反発している。

AfDが活発に利用するソーシャルメディア

二〇一七年九月のドイツ連邦議会選挙では、「プーチン大統領はサイバー戦を展開させずとも、メルケル首相を苦境に陥れることができる」とも言われた。ドイツにおしよせる難民たちへのメルケル首相の対応に国民の反感が強まり、親ロシアのＡｆＤを選ぶことで対ロシア関係が改善するのはプーチン大統領の望むところだ。

何よりも、サイバー作戦と偽ニュースは、フランスの大統領選挙のようにサイバー防衛チームが待ち構えているときより、アメリカの大統領選のように、不意を突くときにこそ威力を発揮する。

ところが、ドイツ連邦議会選挙でも、ネット上に不審な動きがあった。ボットの動きを観察していたアトランティック・カウンシルのデジタルフォレンジックラボの専門家、ベン・ニモは、選挙の四八時間前から活発になったボットの動きをみとめた。

ドイツのメディア向け専門誌『ジャーナリスト誌』の独自調査によれば、選挙に向けて、七カ月間にＡｆＤを支持するフェイスブックの書き込みは三五万件、同期間にほかの政党はいずれもＡｆＤの五分の二以下であった。フェイスブック上にはロシア系住民のコミュニティーもあり、反メルケルの集会が告知されていた。右翼的な保守派たちがソーシャルメディアをフルに活用したケースは、これまでイギリスのＥＵ離脱キャンペーン、アメリカの大統領選挙、フランス大統領選挙など、枚挙にいとまがない。

あるＡｆＤの「選挙スタッフ」の女性が、ツイッターでつぶやいた。

「選挙ではＡｆＤの票が無効にされるって」。つぶやきはすぐさま三〇〇回シェアされ、四時間後、女性は「いま、警察が来て、私、解任されました」とつぶやいた。すると、ＡｆＤの支持者たちがツイッターで#選挙詐欺というハッシュタグをもうけ、「左翼のばかどもたちが選挙詐欺をしている」というつぶやきをたちまち拡散させた。

つぶやいた「選挙スタッフ」の女性の写真は、実はパキスタンの女優の写真を使い、つぶやきはロシアからのボットプロパガンダであることが判明。アカウントは二〇一七年二月につくられていたが、選挙の前日になって突然、不自然なツイートの増加を示した。#選挙詐欺というハッシュタグには、選挙一日前になるとわずか一晩で五七〇〇の書き込みがあったというのだが、このうち一一%が一つのアカウントから発信されていた。そして選挙当日には、同アカウントから実に二〇秒ごとにメルケルへの憎しみをあらわにした反メルケルの書き込みが行われた。このアカウントが、いくつかの「反メルケル・スローガン」を学習したボットであることは明白であった。

事実に反するツイートを発信、拡散させ、ある種の「ムード」をつくる。右派ポピュリズム政党にとって、ソーシャルメディアは格好の媒体となっているが、ドイツのＡｆＤは、ほかの右派政党と比べても格段に多い頻度でソーシャルメディアを活用している。

現在、フェイスブックはヘイトスピーチや偽ニュース、偽広告を掲載することで、苦情が増えている。選挙に先立ってドイツでも苦情が多発したことで、フェイスブックは数千の偽アカウントを消去したと発表した。

「世界保守主義のリーダー」

ロシアがクリミア半島を併合した二〇一四年春、ユーチューブで二人のロシア大使の会話が「リーク」された。

わずか五分間ほどの会話は、ジンバブエ兼マラウイ駐在大使とエリトリア駐在大使のあいだで交わされた非公式のものだが、単なる冗談として見過ごすこともできない。

「まずはクリミアをとることはできたが、近いうちにカタルーニャ、ベニス、スコットランドとアラスカかな。ま、でも次はエストニア、ルーマニア、ブルガリアかな。辺境の国をいただきだ」とエリトリア駐在大使が笑いながら言う。

会話はこう続く。

「でもとりあえずブルガリアとルーマニアはＥＵにあげとくか。カリフォルニアか、マイアミのほうが面白そうだしな」

「マイアミの住民はロシア人が多いから住民投票でもさせるか」

二人の大使のあいだで交わされたとされるこの会話の内容に信憑性（しんぴょうせい）があるのか、会話がどのようにして漏らされたかは明らかではない。ただ、ウクライナ危機以降、ロシアの「拡張主義」が本格化してきたようなタイミングでの二人の会話を一笑にふすことだけはできない。

共産圏崩壊後、旧共産主義国が次々にＥＵおよびＮＡＴＯに加盟し、アメリカ一極主義となった世界秩序がロシアの意にそぐわないのは確かであろう。ロシアが目指すのは、いくつもの強国が競い合う「多極主義の世界秩序」だといわれる。そのためには欧米の社会秩序を根底から覆さなければならない。その目的のためにも軍備を拡張するより、サイバー作戦やディスインフォメーションのほうがはるかに経済効率がよい。

モスクワのシンクタンク、戦略情報センター（Center for Strrategic Communications）は二〇一三年、西欧諸国に関する報告書をまとめた。プーチン大統領が四年ぶりに再び政権に就いて間もないころだった。報告書は二〇〇八年のリーマンショックの混乱を受けて各地でポピュリズムの動きが目立ち始めた中、ロシアがどのように西欧社会にゆさぶりをかけることができるか、が記述されていた。

報告書の内容は、西欧では多くの人々が社会の安定と治安、同性愛やフェミニズムではない伝統的家族の形態、多文化ではなく本来の国家主義を重視しているという趣旨だった。そして、「左翼の特定の理想が社会を分断している」ともあった。貧富の格差問題を背景に、これまでの伝統的ライフスタイルを持続したいという保守的なグループの存在が調査されていた。

報告書では、人々の怒りと不安を利用し、ロシアが「保守主義の保護者」としてリベラルと保守を分断させて君臨することこそ、世界でロシアの地位を再び高めることにつながるという結論が出されていた。二〇一三年、プーチン大統領の年頭スピーチは、今日につながるロシアの戦略の基本を物語っているという。

「保守主義のリーダー」として、フランスのマリーヌ・ルペン率いる国民戦線（FN）、ドイツのAfD、ハンガリーのオルバン政権、イタリアのリガ・ノルド党（北部同盟）、オーストリアのFPÖ（オーストリア自由党）など、ロシアが支援するのは右翼的政党や過激なポピュリストだけでなく、「反グローバル運動」のフォーラムの開催、独立分離を促すためであればアメリカのテキサス州の独立運動さえ応援する。

ロシア人政治アナリストのアレクサンダー・モロゾフによれば、「プーチン大統領は過去への伝統回帰を目指しているのではなく、リベラルな体制に反感をいだく人々をたきつけ、新しい覇権を築き上げようとしている」ということだ。

カタルーニャの住民投票でもロシアの影

二〇一七年、ドイツの連邦議会選挙から一週間後、一〇月一日に、カタルーニャ地方のスペインからの離脱に関する住民投票が強行された。スペイン政府が住民投票は憲法違反と主張する中、カタルーニャ州政府が強行した投票に出向いた二二〇万人のうち、九〇％がカタルーニャの離脱賛成に票を投じた。

ところが、住民投票の投票率は四二％と低く、カタルーニャの住民のうち半分以上が棄権したことになる。住民投票に先立つ七月の調査では、賛成派が四一％で反対派が四九％と分離独立反対派のほうがやや多かった。実際の投票では、最近、欧米の一部の国々で見られる国民投票や選挙と同様、カタルーニャも二つに分断されたことになる。その後、分離独立反対派は自分たちこそ「サイレントマジョリティー」であると、分離独立賛成派たちに抗議し、カタルーニャの首都、バルセロナは混乱状態が続いた。

分離独立賛成派は、独立したとしてどのように国家として機能するべきかといった、ロードマップもまったく描いていない。カタルーニャが独立すればEUから脱退することになる。再びEUに加盟申請したところで、加盟にはすべての加盟国の賛成が必要で、スペインの反対によって、EUへの加盟は不可能となるからだ。スペイン経済の二割を担っているというカタルーニャの経済力は、EUに加盟していることで関税が緩和されている恩恵ゆえであることは独立派のキャンペーンでは言及されない。それどころかEUから脱退する恐れがあるということで、外国企業一四〇〇社がほかのEU圏に拠点を移してしまったことは今後、同州の競争力の減退につながりはしないだろうか。

この、カタルーニャ独立に関する報道でもロシアの影がちらついていた。『エル・パイス紙』によれば、カタルーニャをめぐる混乱について、ロシアの報道機関が英語、スペイン語、ロシア語、ドイツ語で「親カタルーニャ独立」、「抑圧的なスペイン政府による民主主義弾圧」を強調し、「スペイン政府は軍隊をバルセロナに送り込み、〝カタルーニャの春〟をつぶそうとしている」という「ニュース」を報道した。

ドイツとアメリカが共同で設立したマーシャル財団の研究者は、カタルーニャの住民投票に先立って九月一六日から二三日にかけてツイッターのカタルーニャ独立支援をつぶやく書き込みが増えたことをみとめた。一方、「RT」や「スプートニク」など、「メディア機関」を名乗るロシアのプロパガンダの「ニュース」は、「カタルーニャに独裁者（フランコ）が戻ってきた」とも報道。「EUは無力」という「ニュース」を流す一方で、ロシアのクリミア半島制圧に言及し、「クリミア半島の春がピレネー山脈に移った」、「カタルーニャの新政府はロシアのクリミア半島併合をみとめるだろう」という「論説」も掲載した。さらに、ロシアのサイバーチームは、スペイン政府が禁止した分離過激派のサイトを復活させ、火に油を注いだ。

国土としてはベルギーほどの大きさのカタルーニャが独立すれば、スペイン北部のバスク地方、ベルギーのフランダース地方、スコットランドやバルカン半島のコソボにまで「独立熱のポピュリズム」が飛び火しかねない。ミニ国家が増えることが、はたして民意の反映といえるのだろうか。

『ワシントンポスト紙』は、「カタルーニャ州が住民投票を行い、ロシアが勝利した」と一〇月二日付のウェブ版に論説を掲載した。

ロシアは新しい党や社会運動をつくりだすのではなく、現存している右翼的な党、市民の抗議運動や怒りや不安を利用し、それをもとにして分断をひろげさせ、過激化させることを目論む。欧米諸国の民主主義が混乱し、ＥＵの結束が弱まることはロシアにとって願ってもないことである。

一体、分断を助長させる外国からのサイバー攻撃や偽ニュースにどう対応するべきか。

第五章　デジタル時代の民主主義

ポピュリズムが救ってくれるのか

近年は「国を私たちの手に取り戻そう」という国民投票や選挙のスローガンが盛んで、かつてないほど「怒れる市民たち」と呼ばれる群衆の激しい抗議デモが世界各地で展開されている。

「怒れる市民たち」の性格は三つあげられる。

一　大げさで簡単な言葉しか使わない。
二　うそでも繰り返し同じことを言う。

三　反難民、反イスラム化、反エスタブリッシュメント、反グローバル化などを主張し、
　不安をあおる。

　中でも特徴的なのは次の点だ。

- 私たちは善良な市民で、悪いのは「お上」（権威、政府、エスタブリッシュメントなど）だ、
　との思い込み。
- 自分たちの声を何があっても聞かせようとする。
- 注目されるために奇想天外の演出もする。
- 人々の不安をあおり、利用する。
- 時には偽ニュース、陰謀説とわかっていても拡散する。

「怒れる市民たち」の怒りを鎮め、満足させることはできるのか。その根底にはひろがる格差問題や権威への不信感がある。問題は、長年にわたり「政府にだまされてきた」と感

じる市民が、過激な意見に魅せられ、そこに救済策を見つけようとすることだ。
現存する「他者」に対して激しい怒りをぶつけ、非は他者にあると怒りの矛先を向ける。改革のための具体案もなく、「怒りのポピュリズム」だけで本当の社会改革を断行できるのか。

イギリスのEU離脱交渉は難航し、EUを離脱すれば可能だと喧伝された医療改革や国境警備は実現せず、離脱によって「イギリス人が豊かになる」という保障はまったくされていない。デジタルテクノロジーを駆使して単純なメッセージが拡散され、複雑な問題が単純化されるばかりか、時にはうそも横行するポピュリズムの先にあるのは何か。

矛盾は、「現存のシステム」を転覆させて「強いリーダー」を求めることにある。つまり、「国を私たちの手に取り戻すため」に反難民、反移民で自国民を最優先してくれる強いリーダーの出現を願う傾向にあることだ。しかし、このことは、テクノロジーと手を組んだプロパガンダが民主主義を破壊しかねないという爆弾を抱えることにはならないのだろうか。

単純な文言を何度も繰り返す、という点では、国民投票や選挙のキャンペーンは広告の手法と酷似している。よい公約ばかりが並べられ、何度も聞かされているうちに「一度、買ってみようか」という思いになる。しかし、政治の世界は商売と違って「公約」を買ってしまったあとで、内容が違うからといって、「商品返却」は難しいのだ。

ドイツに国民投票がない理由

ドイツでは第二次世界大戦以後、全国レベルの国民投票を行っていない。ドイツの憲法である基本法には国民投票を規定する条項はない。それは、第一次世界大戦後に制定されたワイマール憲法が当時、先進国のあいだで「最も民主的」とされたにもかかわらず、その憲法のもとで民主主義を疎んじた独裁体制を生み出した苦い経験からきている。

ワイマール憲法下においては、ドイツでは小党乱立が進み、票が割れた。そこにあらわれた国家社会主義ドイツ労働者党（ナチス党）は、当時、支持者を増やしていた共産主義への恐怖と不安をあおったプロパガンダで、第一党となった。ナチス政権を成立させた一九三三年三月のドイツ帝国議会選挙でのナチス党の得票率は四三・九％と決して高くはなかった。

ナチス党が政権につくと、独裁体制は迅速に固められた。大統領によって首相に任命されたヒットラーはやがて大統領職も兼務し、大統領緊急措置権を行使し、一党独裁体制を布いた。そしてナチス党は好んで国民投票を行い、情報統制のもと、あたかもすべての国民の支持のもとにナチス政権があるがごとき印象を与えた。

それでも初めのうち、ナチス政権は国民の支持を得るために、第一次世界大戦の帰結としてドイツに過酷な債務をもたらしたヴェルサイユ条約を破棄し、国際連盟からも脱退することで国際社会にノーを突きつけ、国内経済の発展に尽力することを装った。全国にアウトバーン（高速道路）を建設するという巨大インフラプロジェクトで雇用を創出し、国民は熱狂的に支持したように見えたが、ナチス党の宣伝相ゲッベルスのもと情報は厳しく統制され、恐怖政治によってユダヤ人は財産と命を奪われ、ドイツはヨーロッパ大陸の国々を次々に侵略していった。

かつてゲッベルス宣伝相は、「真っ赤なうそでも何回も繰り返していくうちに国民は信用する」と、広告宣伝およびプロパガンダの効果を認めていた。

未曾有の惨禍をもたらしたナチスを生んだ元凶にはプロパガンダを利用した直接民主制

（国民投票など）があったということを、第二次世界大戦後、ドイツの基本法の制定者たちは見逃さなかった。ワイマール憲法がもたらしたともいえる戦争と独裁体制を防ぐため、新しい憲法は徹底した間接民主主義に書き換えられた（なお、憲法が「基本法」と呼ばれるのは、東西に分断されたドイツが再び統一されるまでの暫定的な憲法という意味である）。

ドイツにあるのは住民投票で、あくまでも地方自治体レベルのことだ。たとえば、都市の郊外にイスラムの寺院建設を許すかどうか、新興住宅地に学校をつくるかどうか、市内の歩行者天国を延長するべきかどうか、など、地域の特定のプロジェクトに対する賛否を問う手段としては有効である。

国民投票は、直接民主制の一つとして、いかにも民意を反映するかのように見える。しかし、イエスか、ノーのどちらかで白黒を決めようとする国民投票では、事前に行われるキャンペーンにおいてプロパガンダが連発され、国民が扇動される危険性を孕（はら）んでいる。デジタル時代において、ましてうそや偽ニュースが瞬時に拡散される時代にあっては、世論が恣意的に操作される危険性がより高い。プロパガンダを抑止する、という意味でも多くの国が間接民主制をとっている意味を改めて考えるべきではないだろうか。

国民投票はポピュリズムを許してしまう

政治学者でポピュリズムの研究をしているプリンストン大学のヤン・ヴェルナー・ミュラー教授は、ポピュリズムの本質とは、単に「大衆迎合主義」では説明することができない、他者の異論を認めない「反多元主義」にあるという。

民主主義の基本は多元性そのものであるという観点からすれば、反多元主義は民主主義と真っ向から対立する。三権分立と権力の分離、民意を守りながら、さまざまな機関がチェックし合い、バランスを保とうとするのが民主主義ではないだろうか。多様な民意を守ってこそ民主主義が形成される。

置き去りにされた「民意」を取り戻すとして、自分たちだけが「真の大衆である」と正当化するポピュリストは、単にエスタブリッシュメントや政府を批判するだけでなく、自分たちだけが人民を代表していると主張する排外主義者でもある。

ポピュリストの指導者は、自分が政治の経験がない「アウトサイダー」であるということを強調し、政権を糾弾する。しかし、ポピュリストが政権についたとして、公約通りにことが運ばない場合、次のステップはあるのか。そうなったとき、ポピュリストたちは自分たちを攻撃対象にすることはできない。

投票という行為自体、エモーショナルな行動であるという。たとえば天気が悪い日は投票率が低いという傾向がある。では、投票率が低い場合も充分に民意が反映されたといえるのかどうか。

間接民主制においては、急進的、排外的法案が可決されることは簡単ではない。他方、直接民主制の国民投票でいざ可決されてしまったことは、たとえ投票率が低く、「少数票」であったとしても「国民が決めたこと」として、議会のチェックバランス機能を超越したところで踏襲されてしまうことになる。

そもそも全国レベルの複雑な問題に対して、国民が是と非の両面を天秤(てんびん)にかけ、充分な情報を集めて熟考した末、イエスか、ノーか、白黒で判断しなければならない場合、思慮深い判断がされるのであろうか。そしてそれが最も国民の望む政策として反映されるのかどうか。大いに疑問である。

であればこそ、ドイツの憲法学者は、間接民主主義に拘泥する。プロパガンダに踊らされて国民が自ら独裁者を選挙で選んだ挙句、一二年間にわたる戦争と恐怖政治、敗戦に続いて国の東西分断を経験し、世界中、どこへ行ってもナチスの記憶を呼び起こされることに、ドイツ人は、かなり懲りている。そのせいか、大多数のドイツ人は公共放送や既成メディアのニュースを信頼できる情報源として重視し、プロパガンダと全国規模の国民投票には極めて慎重だ。

ファクトチェックだけで充分なのか

ネットのテクノロジーは人間のためにあるはずだった。しかし、こうして見てくると、ボットや偽ニュース、そして「偽人気」の拡散で、人々がだまされてはいないだろうか、と将来が心配になってくる。むろん、増え続けるボットの背後には人間がいる。サイバー空間ではネットの威力を認識しているプログラマーや利用者たちが、絶えず影響力を行使しようと、さまざまな活動を行っている。ネットの利用者が一般化する中、ネット社会には「異なる事実」が存在することを利用者は認識するべきだろう。

ソーシャルメディアに偽ニュースや偽ボタン、偽フォロワーが蔓延する「ポスト・トゥルース（真実）の時代」にあって、何が真実か、虚偽か、判断することが難しくなってきているることは、民主主義にとって脅威となり始めている。「人と人をつなげ、相互理解を深め、世界をひろげる」はずであったソーシャルメディアは、逆に人と人とのつながりを壊し、分断を深める震源であると、批判のやり玉にあがっている。

ネット上の情報をどう解釈するべきか。そして、今後は情報源をどう確認し、信頼できる情報か否か判断するべきだろうか。

うそでも事実でも、「面白いニュース」がふんだんにネットで読めることが可能になったことで、ファクトチェックのウェブサイトは、真実に関心のある読者には欠かせない。

最近、アメリカでは「FactCheck.org」、「PolitiFact」、「The Fact Checker」、「OpenSecrets.org」、「Snopes.com」、「TruthOrFiction.com」など、イギリスでは「Full Fact」や「Factmata」などが、偽ニュースを調べるサイトとして注目されている。

その気になれば、ネット上の「ニュース」が本当であるかどうか、調べる方法として事実確認サイトは急増している。

二〇一五年にEUが結成したEast StratComのチームはアルメニア、アゼルバイジャン、ベラルーシ、ジョージア、モルドバ、さらにウクライナとロシアの偽ニュースをウオッチしながら、それらの国々で独立系メディアをサポートし、ヨーロッパの民主主義と価値観を伝達できるよう、尽力している。East StratComは、三〇カ国以上にまたがるジャーナリスト、政府関係者、NGOや研究所の職員などで構成され、EUの活動や広報文書などをロシア語でホームページに掲載している。

アメリカ・フロリダ州に本拠を構える非営利団体のポインター研究所は、国際ファクトチェッキングネットワーク（IFCN）を二〇一五年九月に設立し、ファクトチェックの基準を決めることに努めている。ポインター研究所によると、いまやファクトチェックを行っている国はおよそ四〇カ国以上、一〇〇のプロジェクトがあるという。主に対象となるのはネット上の「ニュース」である。ちなみに日本のファクトチェックサイトは、元産経新聞社の記者と弁護士が始めたGoHooをはじめ、「ニュースのタネ」、朝日新聞デジタルの「ファクトチェック」、ハフィントンポスト日本のサイト、「ファクトチェック・イニシアティブ」などがある。

しかし、実社会の噂がそうであるように、ネット上でもセンセーショナルで悪いニュースのほうが拡散されやすい。そして、事実確認サイトにアクセスするのは「真実は何か」、「良質なニュース源はどこにあるのか」、あるいはネットに溢れる「ニュース」に疑問をもつネット利用者だけである。疑問をもたない、あるいは偽ニュースを偽と知ってか知らずか、それを半ばエンターテインメントのようにとらえる人々には「信じてはいけない」と言ったところで、メッセージが届くとも思えない。

多くの人々が、「自分の偏見をネットで確認する」時代にあって、「事実はこうである」と、どう説明して説得すればよいのであろうか。

ハイテク企業を規制するべき

トランプ政権誕生後、トランプ大統領が自分を批判する既成メディアを「偽ニュース」と言って糾弾する一方で、『ニューヨークタイムズ紙』や『ガーディアン紙』など、定評あるニュースメディア機関への購読申し込みや寄付が増え、ちょっとした「既成メディアのブーム」となった。これは世界中でウェブ版の購読者数が増えたためで、偽ニュースが蔓延する中、信用できる良質のニュースは無料では得られないと判断した読者による。多くの無料メディアやブログと異なり、入念に調べて取材し、裏をとって編集して「信頼に値するニュース」を発信するためには経費がかかるということを知っている読者はまだ多数、存在するということの証ではないだろうか。

しかし、ファクトチェックサイトが「偽ニュース」であると判断したサイトや書き込みを指摘してソーシャルメディアやIT企業に消去することを要請したとしても、そのあいだにも数千万回と瞬く間にシェアされ、偽ニュースはひろまっていくとなれば、お手あげである。アナログ時代とは違い、偽ニュースがプロパガンダとなって拡散されるペースは、想像できないほど速い。

アメリカの技術史研究家で科学史学会長も務めたメルヴィン・クランツバーグ教授は、「テクノロジーは悪くも良くもない、しかしそれは中立ではない」と書いた。テクノロジーが中立ではないということは、ここ数年間のAI開発やソーシャルメディア、検索エンジンについて調査した結果でそれぞれに立証されている。

ソーシャルメディアをはじめ、インターネットは、声なき人々に政府や政治家に対して直接抗議する力を与え、自由と平等、民主主義を促進するはずであった。しかし、近年、ネットは、同じ意見をもつ人々で「エコーチェンバー（価値観の似た者同士で共感しあう）」化し、マイクロターゲット広告や心理操作ともいえる方法で影響を与えようとしている。また、ネットが過激な意見やヘイトスピーチを拡散し、世界を分断することに寄与している例は枚挙にいとまがない。ソーシャルメディアにはボットが溢れ、「社会の雰囲気」さえ変えようとする動きで溢れている。

ＩＴ企業が好んで使うキャッチフレーズに「世界をよりよい場所にする」（Making the world a better place）という言葉がある。フェイスブックやツイッターは、二〇一〇年の「アラブの春」を可能にし、民主主義をもたらした「武勇伝」を語りたがる。

しかし、二〇一六年のイギリスのＥＵ離脱キャンペーンおよびアメリカの大統領選挙を見ても、ネットは民主主義を脅かすほどまでに影響力を増している。ソーシャルメディアは排外主義や人種差別を助長するヘイトスピーチを拡散しやすいメディアとして利用され、憎しみと分断を助長するツールになってしまった。

もしフェイスブックがなければ、ＩＳが欧米で暮らす若者にシリアで戦うよう勧誘することは不可能であっただろう。ソーシャルメディアは過激派の人材を集める「リクルートマシーン」としても利用されているのだ。

日本でフェイスブックのようにブログ、個々の「ニュース」、SNSの書き込みなどを網羅して提示するプラットフォームの役割をしているのは「まとめサイト」である。まとめサイトも運営モデルはクリック数に応じた広告収入で、利用者が注目すればするほどサイトの運営者に収入がもたらされる。しかし、まとめサイトはあくまでネット上にアップされていることを転載しているだけで、責任をとることはない。ネット上に出回った偽情報がもとで書き込みが悪質化し、まったく関係のない被害者の住所や所属機関が特定されて実生活が脅かされるケースが増えている。そういった人権侵害に発展する「ネットリンチ」現象に対応しようにも拡散が広範囲すぎて一般人が対応できるレベルの問題ではない。

厳しいドイツのヘイトスピーチ法

テクノロジーが可能にする過激な意見や偽ニュース、デマや根拠のない中傷の急速な拡散を止めるためには、拡散を可能にするＩＴ企業を規制する以外にない。

ドイツには、ナチス独裁政権下、プロパガンダによって、言論の自由と人権が蹂躙（じゅうりん）された苦い経験から、世界で最も厳しいと思われるヘイトスピーチ法がある。ナチス賛美やユダヤ人虐殺（ホロコースト）を否定してこれを流布したり、外国人やイスラム教徒を誹（ひ）謗（ぼう）することを禁じる「市民扇動法」にもとづいて、公の場所でナチス風敬礼をしただけでも刑法の罰則対象となる。

さらに二〇一七年一〇月から、新法「ネットワーク執行法（NetzDG）」が施行された。市民扇動法に触れる内容の書き込みや映像は、ソーシャルメディアを運営する企業に、二四時間以内に削除、あるいは利用者が閲覧できないようブロックすることを義務づける。内容の点検が必要な場合も、七日以内に削除しなければならない。

対象となるのはフェイスブック、ツイッター、ユーチューブ（親会社はグーグルと同じアルファベット社）など、登録者が二〇〇万人を超えるソーシャルメディアの運営者だ。もしこの新法に違反した場合、最大五〇〇〇万ユーロ（約六億五〇〇〇万円）の罰金が科される。企業ぐるみの違反行為ということが確認された場合は、最高五〇〇〇万ユーロ（約六五億円）が科される可能性がある。

何が偽ニュースで、何が憎悪をあおる投稿なのか、判断に困ったとき、運営者が必要以上に書き込みを消去してしまうことで、言論の自由が制限されるという意見もある。そして特殊なアルゴリズムによって「個別化されたメッセージ」が少数をターゲットとしているとき、それらを調べあげることは容易ではない。特殊なアルゴリズムによってフェイスブックで利用者に表示されるニュースフィードが一体、どのようにして選ばれているのか、まったく不明である。

企業側は批判があるたびに、「〝中立のテクノロジー〟であるアルゴリズムが利用者のクリックする頻度などによって公正性にのっとり選んで表示している」と弁解するが、人がクリックすればするほど自動的に上位へ表示ランクされるというオートコンプリートのAIテクノロジーが使われていることを理解している利用者がどれほどいるのだろうか。

フェイスブックのCEO、マーク・ザッカーバーグは、フェイスブックが二〇一六年のアメリカ大統領選へ与えた影響が大きかったという批判を、はじめのうちはなかなかみとめず、「フェイスブックは無料で利用者にテクノロジーを提供しているIT企業」であるとしてゆずらなかった。

フェイスブックは、メディア企業であるとの自覚がないことで、むしろ利用者に自分で偽ニュースを確認することを求め、はじめはなかなかアクションを起こさなかった。「早く動いて破壊して」をモットーとするだけあって、ザッカーバーグ率いるフェイスブックは、規制が追いつくよりも早く動いて斬新なネット環境を常に築いてきた。

しかし、偽ニュースやヘイトスピーチをコンテンツとして集積し、表示しているIT企業はもはや「IT企業なので規制を受けるべきではない」と言い逃れはできない。メディア機関の一部として規制の対象になるべきであろう。それは民主主義への脅威にもなり始めているのだから。

EUもネットの規制強化へ

いまやグーグルはネット上の全検索の八〇%以上を担っているといわれる。おびただしい量の検索データが分析され、さらに利用者の位置情報、検索記録、どのデバイスからアクセスしているか、などすべてが分析され、検索結果として提示されるリストは、個人ごとに個別化されるようになった。データは集まれば集まるほど精度が増すため、検索もより個別化し、的確になっていく。グーグルは、二〇〇七年ごろから「検索の個別化を促すテクノロジー」に多大な投資をしたため、二〇〇九年には「より個別化された検索結果」を提示できるようになったという。

検索する、という行為は単なる便宜上のことで、いたって「中立」な行為だ、と利用する側は思いがちだ。まして、検索によって利用者のプライバシーが「流出する」などとはほとんど誰も考えていないだろう。しかし、ネット検索こそ利用者の思想や信条、偏見、個人データを最もあらわしているという。検索に使われた言葉のデータから、利用者の偏見などが読み取れるからだ。

たとえば、あるイギリス人ジャーナリストがグーグルの検索で、"Are Jews"と入力しただけで、続く言葉が"evil ?"（ユダヤ人は悪か?）と検索結果の最上段に自動的に表示された。ネットで検索される言葉の集積ビッグデータから絶えず学習しているＡＩが「人々の偏見から」習得し、表示したのである。そして、場合によっては検索結果がＩＴ企業によって「操作」されていることもある。

二〇一七年六月、欧州委員会は、グーグルがＥＵの競争法（独占禁止法）に違反したとして、二四億二〇〇〇万ユーロ（約三〇〇〇億円）の制裁金を支払うように命じた。これまでに欧州委員会がアメリカのＩＴ企業に科した制裁金として最大の額である。ただ、「最大の額の制裁金」といっても、グーグルにとっては収入のわずか三％にすぎない。

制裁金の理由は、グーグルが、インターネット上の検索で、他社の商品比較サイトより、自社の商品比較サイト「グーグルショッピング」を優遇すべく、自社の製品が最上段に来るようにし、他社の製品をあとにリストアップしたことだ。自社サイトに利用者を不当に誘導し、公正な競争を侵害したとされた。グーグルは、二〇〇四年に商品比較サイトを始め、他社に遅れをとっていたため、アルゴリズムでほかのサイトより自社のサイトが上段に出るように検索エンジンを最適化したとされる。

ＥＵは、個人データ保護にも積極的だ。ＥＵ圏内では、四年間の議論をへて二〇一六年に可決された「一般データ保護規則」（ＧＤＰＲ＝General Data Protection Regulation）が二〇一八年五月二五日から施行され、個人データの保護が強化される。二〇年間のネットやビッグデータの発展に沿って一九九五年の「データ保護指令」を大幅に見直したものである。

ＥＵでビジネスを行う企業はたとえ域内に拠点を持たない企業でも適用対象となり、氏名、住所、ＩＰアドレスや位置情報、消費記録などＥＵ市民の個人データに関するアクセスやデータ移転（ポータビリティー）に保護措置が与えられる。ネット検索でも個人データについて示される事項に対して本人が異議申し立てをし、データの消去を命じることができる「忘れられる権利」を条項に盛り込み、個人データが侵害された場合、ＥＵから通知を受けてから七二時間以内に、企業は監督機関に通知する義務があるという厳しい規定もある。違反した場合は、二〇〇〇万ユーロ、あるいは年間売り上げ高の四％のいずれか高いほうを上限とし、制裁金として科されることになる。

ＩＴ企業が社会に与える影響力が増大する中、ＥＵではアルゴリズムの透明性、説明責任、独立機関による監査、消費者保護法の強化など、多方面から論議されている。

ネットをどのように規制するべきか。「責任のあるプログラミング」とは何か。規制は始まったばかりだ。

ネットが拡散した流言飛語が人道危機に発展か

第二次世界大戦後、長いあいだ軍事政権下にあったアジアの小国、ミャンマー（旧ビルマ）で民主化運動が進み、二〇一五年に初めて総選挙が行われたとき、世界のメディアはようやくミャンマーにも民主主義が到来したと称えた。しかし、ミャンマーの民主化と前後するかのように、少数派のイスラム教徒、ロヒンギャへの民族浄化ともいえる排斥と虐待が始まったのはなぜだろうか。

軍事政権下において、かつて宗教の対立は抑圧されていたという解釈もある。しかし、『ニューヨークタイムズ紙』をはじめ、一部のメディアで指摘されたことだが、ロヒンギャの排斥が激しくなったのは、フェイスブックの普及とみごとに時期を同じくするという。

実は、ミャンマーほどフェイスブックが急速に普及した国はないとされる。「ネットでつながるということは基本的人権」と唱えるマーク・ザッカーバーグは、ミャンマーの国営通信事業会社であるMPT社と組み、「無料」でネットにつなぐことができると宣伝した。携帯電話のネットワークを経由して無料で特定のサイトを閲覧できる「フリーベーシックス」とは、フェイスブックが特定の企業を選別して限定的なネット利用を提供するパッケージである。

「フリーベーシックス」は、ネットへの無条件のアクセスを提供するのではなく、フェイスブックの都合のよい企業のサイトばかりを選び、利用者に提供する「限定商品」である。アメリカをはじめ、先進国で新たな登録者が伸び悩んでいるため、発展途上国をターゲットに、世界でひたすら登録者数を増やそうとするフェイスブックは、人口の多いアジア圏で「フリーベーシックス」のメリットを喧伝してきている。

その結果、ミャンマーのネット利用者は二〇一四年に二〇〇万人であったのが、二年間で一挙に三〇〇〇万人に膨れ上がった。電子メールの時代を飛び越してネット環境が「フリーベーシックス」となったミャンマー人にとって、フェイスブックこそネットそのものとなった。とともに、フェイスブックは事件やニュースを誇張して伝え、偽のニュースを拡散させるために大いに利用された。たとえば、ロヒンギャのギャングが東インドで子どもたちを誘拐しているという流言飛語がフェイスブックの非公開メッセージシステムである「ワッツアップ」でひろがり、パニックとなった。その報復措置としてロヒンギャへの虐待がなされた。各地で過激化するロヒンギャへの虐待と排斥に耐えかね、難民となって隣国バングラデシュへ逃げたロヒンギャはおよそ六九万人といわれ、アジアで二一世紀最大の人道危機ともいわれている。もしミャンマーがフェイスブックのフリーベーシックスを拒絶していたら、このような混乱は起こらなかったのだろうか。ソーシャルメディアと限られた情報が人道危機にどう影響をおよぼしたのか、計測することはできない。

フリーベーシックスを問題視することなく受け入れたミャンマーとは対照的に、インドは二〇一六年にフリーベーシックスを拒否していた。貧困層にもフェイスブックの勧める無料ネットパッケージをという申し出に対して、インドでは長い議論の末、「なぜフェイスブックの選ぶサイトだけしか閲覧できないのか」、「ネットの中立性がない」、「私たちは発展途上国ではない」と、フェイスブックに抗議するデモにも発展した。何よりも「あなたたちのためです」というザッカーバーグの態度が、インドを支配していた大英帝国と重なり反感をかったという。すでにインドではネット利用者はフリーベーシックスがなくてもフェイスブックを利用できていた。優秀なＩＴ技術者も多いインドで「偏ったネット環境」にノーを突きつけた英断をほかの国も参考にするべきかもしれない。

ネットがもたらす世論の構造的転換

ミュンヘン工科大学のデータサイエンティストたちが他大学や研究所と共同のプロジェクトを行った。「ソーシャルメディアフォレンジックス（法科学）」というプロジェクト名から、ソーシャルメディアを「分析する科学」であることがわかる。

プロジェクトでは、二〇一五年から二年間かけてツイッターとフェイスブックの書き込みや「いいね！」ボタンを調べるため、政治的テーマに絞り、三億五〇〇〇万のツイートと二〇〇〇万のフェイスブックの書き込みをエラスティックサーチというデータ検索・解析のソフトウェアを使い、ダウンロードしてデータバンクに収めた。

プロジェクトに参加した一人、アンドレ・ティールトゲスは、「右翼的なシェアやツイートは確かに増えているが、データ分布図で見てみると、二極化していて右翼的意見をもつ人々はネットのグループ内で閉じこもり、実生活で懸念されるほど大きな運動には見えない」と言う。実際にはネット内で「内部崩壊」している場合もある。同じ意見の人々が集まり、過激な意見を拡散しても、それを見るのは同じ人（あるいはボット）ということだ。第三章で述べた「フィルターバブル」という現象だ。

ネットでは「小さな運動でも大きく見せようとする」ことが試みられ、偽アカウントやボットも多い。ただ、小さな動きでもそれが現実にどう反映されるか、ネットがどのように社会に影響を与え、変えていくのか。テクノロジーが短期間に突然、世論を変える可能性があることは、現実になり始めている。個々の判断がネットの影響とはまったく関係ない市民の冷静な判断であったとは言いきれない。ネットと現実が融合したときこそ、危険な状況へと発展する可能性がある。しかし、「ネットプロパガンダ」が選挙や国民投票などで人々の決断をどう変えたのかを測ることは不可能である。

長期的に見れば将来、ネットが「世論の構造的転換」をもたらす大きな要素となるかもしれないのである。その意味で、私たちは現在、ネットが変える民主主義の始まりの地点にいるのかもしれない。

ドイツのニュース雑誌『シュピーゲル誌』はドイツ連邦軍の研究者が二〇四〇年の未来図を描いた内部文書を入手した。この「二〇四〇年の戦略的見解」は六つのシナリオを描き、最悪のシナリオにはこうある。

「三〇年間続いた政治不安のため、従来の民主主義の価値が見失われた。EUを離脱する国は増え、ヨーロッパは親ロシアとなった東と、西のブロックに再び分かれた。このために、ヨーロッパは競争力を失い、ドイツをはじめヨーロッパの安全保障は激変した。過激派が増え、民主主義への幻滅からロシアが推し進める一部のオリガークを中心とした〝資本主義〟に近づこうという国も出てきた」

この悲観的な未来図は何を語っているのだろうか。

民主主義は完璧ではなく、かといって代替するシステムはない。政治学者たちは、現代が「民主主義のコンソリデーション（統合）」の時代であるという。つまり民主主義の基礎が固まり、ある程度の富を蓄積し、現状に安住しているうちに自ら民主主義を破壊する「種を播いている」ことに気がつかない。

日本も国民投票で分断されるのか

日本政府も憲法を改正することで戦争放棄をやめ、他国からの侵略に対し、防衛のため戦いやすくする、という方向転換を目指している。重要な過程の一つが国民投票で、国民投票によっておそらく日本も分断される。

しかし、そもそも日本は有事に戦えるのだろうか。世界価値観調査という、世界数十カ国の大学および研究機関の研究グループが約六〇カ国で行った意識調査によれば、「もし自国で戦争が起こったら国のために戦うか」という問いに対して日本人は、「はい」と答えた人がわずか一五・二%、「いいえ」と答えた人は三八・七%であった。一方、小国エストニアでは五一・六%が戦う、と答えている。ロシアからの脅威に長年さらされてきたエストニアにはある程度の覚悟があるようだ。日本の場合、戦争はやむをえなくても国民が兵士として戦いに出ていくのは拒否する、つまり有事には兵士ではなく、戦争マシーンに戦わせようということなのであろうか。

かつて日本人は「原子力は安全で恒久的なエネルギーである」ということを長年、限られた情報で納得させられてきた。同じように日本政府はメディアを抱き込み、巨額な資金を投入した広告をバックに、二〇二〇年に国民投票を断行し、憲法改正のために国民が誘導されることになるのであろうか。

国民投票は、その性質から直接民主制として民意のお墨付きをもらってしまったことになり、あと戻りができなくなる。

また、国民投票の結果が「接戦」であった場合、国民投票をやり直す方法も規定されていない。たとえば、国民投票で議決された事項をもう一度、再審議する道を遮断しないという策をもうけるべきではないだろうか。

さらに日本について懸念されるのは、マスコミの自由度だ。言論の自由を擁護するための国際団体、「国境なき記者団」(本部、パリ)は、マスコミの独立性と自由度などをもとに、二〇〇二年から「世界報道自由度ランキング」を発表している。

二〇一〇年は一一位であった日本のランキングは二〇一二年には二二位、二〇一三年には五三位、二〇一七年にはついに七二位と、一八〇カ国中でもかなり厳しい評価となった。ちなみにドイツは一六位、フランスは三九位、イギリスは四〇位、アメリカは四三位、ロシアは一四八位であった。

二〇一一年の東京電力福島第一原子力発電所の事故をめぐる報道の不透明さ、二〇一三年に可決され、翌年施行された特定秘密保護法、高市早苗(さなえ)総務相の「電波停止」発言、記者クラブ制への総合的評価が影響しているという。

一方、日本はネット普及率で世界第四位となった。電車に乗れば本を読んでいる乗客よりスマホをのぞき込んでいる人のほうが圧倒的に多い。一〇年ほどのあいだにスマホはすっかり生活の一部として欠かせないガジェットとなった。しかし、うそ情報によってサイトが炎上したり、被害者が出たりする現状のまま国民投票を行えば、どのような結果になるか明らかではないか。

ネットを「手なずける」ことが民主主義を継続させる

最近、アメリカの東海岸やシリコンバレーで働くＩＴ関係者の中には、スマホやタブレットなどを禁止する私学に子どもを通わせたり、夜間はネット接続や寝室での使用を禁止する親が増えているという。それは麻薬の売人が「自分の商品でハイ（のぼせる）にならないようにする」のと同様、子どもには自分たちのつくりだす製品やアプリケーションの使いすぎで毎日「中毒生活」を過ごさせたくはない、選ばれた良書の読書に励み、自制心を養うよう教育したい、ということらしい。

スマホを日常的に使いすぎると、集中力低下につながるだけでなく、認知する能力が相対的に下がるという。それはたとえスマホの電源を切っている場合にもあてはまるというから恐ろしい。

グーグルの元社員、トリスタン・ハリスはスタンフォード大学で行動心理学を勉強した。デジタルテクノロジーを使い、「いかにして他人を説得するか」が研究の中心テーマであった。

ハリスによれば「私たちは自分で思っているほど個人の意思で行動、決断しているわけではない」という。人間は簡単に誘導され、デジタル情報によってハイジャックされやすい。ネットの使いすぎは、脳が分析されて乗っとられる「ブレインハッキング」のようなものだとさえ言う。

一方、プログラマーたちは、利用者がネット中毒になる方法を常に考えている。利用者はさまざまなアプリケーションやソーシャルネットワークが無料と思っているが、「利用者の目の動き、いわゆる〝注目度〟(attention)」はカネのなる木である。このためにネット中毒が増えれば増えるほど、一部のＩＴ企業の収入が増える仕組みである。これをあるネット批判家は「注目度を商う商人たち(アテンションマーチャンツ)」と呼ぶ。

デジタルテクノロジーは民主主義を変え、人と人との会話や関係までも変形させている。いかに利用者がクリックし、「いいね！」ボタンを押し、特定のサイトへ行くように仕向けるか、アルゴリズムの開発者たちは日々、利用者をスマホ中毒にするべく、模索している。そのためには利用者の心理的弱点をつくことさえある。

そしてIT企業の「注目度を商う商人たち」は、個人データを集め、AI開発に利用したり、広告収入の増加と株価の上昇を狙って、ユーザーが「クリックベイト（えさ）」に引っかかり、クリック数を増やすよう、網を張り巡らしている。クリック数やプラットフォームで過ごす時間が「換金化」される「ネット資本主義」である。利用者は広告によって特定の商品を購入させられる消費者であるだけでなく、その個人データが収集されてビッグデータとして売られていることから、自分たちが自覚することなしに「製品」そのものになってしまったのだ。

「注目度を商う商人たち」は、利潤を上げるために、ネット利用者が注目してくれればいいわけで、センセーショナルなコンテンツにも目をつむってきた。しかし、それだけでは済まない事態となりつつある。テクノロジーを提供する側は、利用者が何を見て、何をクリックするべきか、選別している。利用者が自分の意思で選んでいると思っても、実は誘導されているのかもしれない。

そしてネット上の言葉が「武器」になることがこれほど重みを増した時代があったであろうか。まるで手品師が、みごとな手さばきを見せて観衆をはぐらかすように、「人をだますことはいとも簡単だが、だまされている人に〝だまされている〟と伝えても、すぐには信じない」。ネットの世界は手品師の手さばきに似ているという。

ネットでは実生活とは違う次元で人々は「注目」を求める。広告、クリック数、誹謗中傷、偽ニュース……。権力者だけでなく、実社会で多数派になれなくてもネット上では自分の「声」をもてると思っている人々が仮想社会を通じて実社会に影響を与えようとする。ネットの仮想社会をすべて信じてはいけない。ネット利用者は、せめてネットが提示する情報が、必ずしも中立で客観的ではないことを理解するべきである。「ネットをどう手なずけるべきか」ということは、その便利さにすっかり慣れてしまった現代人にとってチャレンジであるとともに、民主主義を継続させるためにも不可欠なのである。

すべての「注目度を商う商人たち」や、単に注目を集めたい書き込みが一番恐れるのは、無視されることだ。従って、一番の防衛は、無視することにほかならない。しかし、それは簡単なようで簡単なことではない。

あとがき

ミュンヘン工科大学政治学科のジモン・ヘゲリッヒ教授はドイツを代表するボット研究の第一人者、データサイエンティストである。

ある企業向けセミナーにヘゲリッヒ教授が参加するということで、筆者も参加させてもらった。

会場でヘゲリッヒ教授の姿を目を凝らして探してみた。テレビやホームページでその姿を見ていたので、顔は知っていたがなかなか見つからない。なんと、ヘゲリッヒ教授は、フード付きのトレーナーにジーパン、スニーカーといういで立ちであった。フェイスブックのマーク・ザッカーバーグはじめシリコンバレーの起業家たちが好んで着るファッション。スピーチを行わなければ教授だということに気がつかない人も多かっただろう。ひと昔前の堅苦しいドイツの教授のイメージからかけはなれた外見だ。ヘゲリッヒ教授は教授職のかたわら、医療データを扱う会社の起業家でもある。

話をしてみると、とても気さくで、質問があればいつでもメールを送ってくれれば返信すると言う。ふと見ると、教授のトレーナーの胸には「フーリー（hooli）」の言葉があった。最近、ヒットしたコメディドラマ・シリーズ「シリコンバレー」に出てくる架空のIT企業の名だ。フーリー社は、グーグルをモデルにしており、主人公リチャードのスタートアップ企業、パイド・パイパー社を買収しようとするが、拒否されたため、似たようなアイディアでソフトウェアを開発してリチャードの吹けば飛ぶような会社をつぶそうとし、あれこれと策略をしかけてくる。「シリコンバレー」は、流行りのテクノロジーや動向を折り込んで製作されているだけになんとも現実感があるドラマだ。

　データサイエンティストの多くが、コンピューター分析の技術を自力で習得するように、ヘゲリッヒ教授もソーシャルメディア上のボット研究に必要な技術をすべて独学したという。

　ヘゲリッヒ教授がフェイスブックで、異変に気がついたのは二〇一四年のウクライナ危機のときであった。

「とても人間によるものとは思えない動きがネット上で見つかった」。二〇一六年のアメリカ大統領選と翌年のドイツ連邦議会選挙に関するソーシャルメディアの動向を研究した結果、右翼がボットによる大量のツイート、書き込みを拡散し、「ある種の雰囲気」をつくり上げていたことが判明した。フェイスブックでは、発信されるコンテンツが感情的かつ偏ったものが多く、特定の利用者に「見たいものばかりを見せている」という。

「もともとフェイスブックは政治に利用するためにつくられたわけではないのに、これほど政治や選挙に影響をおよぼすように使われるとは、フェイスブックにとっても意外であったはずだ」ともヘゲリッヒ教授は言う。問題は、IT企業が世に放つテクノロジーに対して、もしそれがまったく予想されない方法で利用されたとしても、一般人にはそれがわからない、身を守る術(すべ)すら知らないことである。そういう意味では世の中のデジタル革命に対する用意が不足しているとしか思えない。

ヘゲリッヒ教授は、「トランプ政権はフェイスブックなしにはありえなかっただろうが、ドイツではフェイスブックが首相を選出するまでには至っていない。ただ、今後、ネット上である雰囲気をつくり、その方向へ誘導する技術がより進化したならば、世論を操作することがより簡単になることは間違いない」と言う。

ネット利用者が身を守る方法の一つとして、かつて自動車が発明されたとき、運転免許を取得するために交通法規やメカニズムを学習したように、テクノロジーを正しく使うための「免許」のようなものが必要ではないか、という意見もある。その導入は無理としても、今後はネット上のニュースで何が本当で何が偽ニュースであるのか、見分けるための「メディアリテラシー」の教育が必要になってくるのではないか。

デジタルテクノロジーはめまぐるしい速さで進化し、私たちの生活に介入してくる。この技術はわずか二〇年のあいだに私たちの環境を激変させた。次の二〇年はどうなるのか。目をつぶっているわけにはいかない。

本書を書くきっかけとなったのは、「アメリカ大統領選で心理分析を用いた広告が使われた」という、あるツイートだった。ツイートが集英社の編集者の目にとまったのは、偶然であったとはいえ、若手編集者のひろい目配りがなければありえなかったことだ。特に東京から一万キロ離れた場所に住んでいる筆者にとって、小さなアイディアがトントン拍子に本の企画に発展するとは、アナログ時代には考えられないことだった。

本書を書く機会を与えて下さった集英社の金井田亜希氏と編集部の方々に感謝いたします。

二〇一八年一月

福田直子

主要参考文献

Alvarez, R. Michael, *Computational Social Science——Discovery and Prediction*, Cambridge University Press, 2016

Pasquale, Frank, *The Black Box Society——The Secret Algorithms That Control Money and Information*, Harvard University Press, 2015

Briant, Emma Louise, *Propaganda and Counter-terrorism——Strategies for Global Change*, Manchester University Press, 2015

Angwin, Julia, *Dragnet Nation——A Quest for Privacy, Security, and Freedom in a World of Relentless Surveillance*, St. Martin's Griffin, 2015

Schneier, Bruce, *Data and Goliath——The Hidden Battles to Collect Your Data and Control Your World*, W.W.Norton & Company, 2015

Stephens-Davidowitz, Seth, *Everybody Lies——Big Data, New Data, and What the Internet Can Tell Us About Who We Really Are*, Harper Collins, 2017

O'Neil, Cathy, *Weapons of Math Destruction——How Big Data Increases Inequality and Threatens Democracy*, Penguin Random House, 2016

Christl, Wolfie & Spiekermann, Sarah, *Networks of Control——A Report on Corporate Surveillance, Digital Tracking, Big Data & Privacy*, Facultas, 2016

Mayer, Jane, *Dark Money* —— *The Hidden History of the Billionaires Behind the Rise of the Radical Right*, Doubleday, 2016

Mallaby, Sebastian, *More Money Than God* —— *Hedge Funds and the Making of a New Elite*, Penguin Books, 2010

Issenberg, Sasha, *The Victory Lab* —— *The Secret Science of Winning Campaigns*, Broadway Books, 2012

Pariser, Eli, *The Filter Bubble* —— *What the Internet Is Hiding from You*, Penguin Books, 2011

Packer, George, *The Unwinding* —— *Thirty Years of American Decline*, Faber & Faber, 2013

Sunstein, Cass R., *#Republic* —— *Divided Democracy in the Age of Social Media*, Princeton University Press, 2017

Taplin, Jonathan, *Move Fast and Break Things* —— *How Facebook, Google, and Amazon Cornered Culture and Undermined Democracy*, Little, Brown and Comapany, 2017

Müller, Jan-Werner, *What is Populism?*, University of Pennsylvania Press, 2016

Stanley, Jason, *How Propaganda Works*, Princeton University Press, 2015

Howard, Philip N., *Pax Technica* —— *How the Internet of Things May Set Us Free or Lock Us Up*, Yale University Press, 2015

Hersh, Eitan D., *Hacking the Electorate* —— *How Campaigns Perceive Voters*, Cambridge University Press, 2015

Harding, Luke, *Collusion——How Russia Helped Trump Win the White House*, Guardian Faber Publishing, 2017
Reitschuster, Boris, *Putins verdeckter Krieg——Wie Moskau den Westen destabilisiert*, Econ, 2016
Schumatsky, Boris, *Der Neue Untertan——Populismus, Postmoderne, Putin*, Residenz Verlag, 2016
Wu, Tim, *The Attention Merchants——The Epic Struggle to Get Inside Our Heads*, Atlantic Books, 2017
Martinez, Antonio Garcia, *Chaos Monkeys——Mayhem and Mania Inside the Silicon Valley Money Machine*, Ebury Press, 2016
Rushkoff, Douglas, *Throwing Rocks at the Google Bus——How Growth Became the Enemy of Prosperity*, Portfolio Penguin, 2016
Foer, Franklin, *World Without Mind——The Existential Threat of Big Tech*, Penguin Press, 2017
McChesney, Robert W., *Digital Disconnect——How Capitalism Is Turning the Internet Against Democracy*, The New Press, 2013
Lanier, Jaron, *Who Owns the Future?*, Penguin Books, 2013
エリック・ブリニョルフソン&アンドリュー・マカフィー著、村井章子訳『ザ・セカンド・マシン・エイジ』日経ＢＰ社、二〇一五年
ジュリア・カジェ著、山本知子・相川千尋訳『なぜネット社会ほど権力の暴走を招くのか』徳間書店、二〇一五年

水島治郎『ポピュリズムとは何か――民主主義の敵か、改革の希望か』中公新書、二〇一六年

アンドレアス・ワイガンド著、土方奈美訳『アマゾノミクス――データ・サイエンティストはこう考える』文藝春秋、二〇一七年

Handelsblatt, Der Spiegel, Stern, Die Zeit, Süddeutsche Zeitung, Frankfurter Allgemeine Zeitung, Time, The Economist, Vanitiy Fair, Newsweek

朝日新聞、日本経済新聞

以下、電子版

The New York Times, The Guardian, The New Yorker, The Atlantic, Politico, Wired, Medium, ProPublica, Center for Public Integrity, Pew Research Center, Statista, NPR, Das Magazin, The Daily Beast, Business Insider, Forbes, PBS, BBC, CNN, The Independent, The Local fr, El Pais, Mother Jones, Vox, Nieman, Snopes.com, Poynter, Techcrunch, The Conversation, World Economic Forum, Fortune など

（順不同）

文中の肩書はすべて当時のものです

福田直子（ふくだ なおこ）

ジャーナリスト。上智大学卒業後、ドイツのエアランゲン大学にて政治学・社会学を学ぶ。帰国後、新聞社、出版社にて勤務。アメリカとドイツに三〇年住み、ニュース系の媒体に寄稿。著書に『大真面目に休む国ドイツ』（平凡社新書）、『日本はどう報じられているか』（共著・新潮新書）など。

デジタル・ポピュリズム 操作される世論と民主主義

集英社新書〇九三四B

二〇一八年五月二二日 第一刷発行
二〇二一年四月 六 日 第二刷発行

著者……福田直子
発行者……樋口尚也
発行所……株式会社集英社
東京都千代田区一ツ橋二-五-一〇 郵便番号一〇一-八〇五〇
電話 〇三-三二三〇-六三九一（編集部）
〇三-三二三〇-六〇八〇（読者係）
〇三-三二三〇-六三九三（販売部）書店専用

装幀……原 研哉
印刷所……凸版印刷株式会社
製本所……加藤製本株式会社
定価はカバーに表示してあります。

ISBN 978-4-08-721034-7 C0230
Printed in Japan

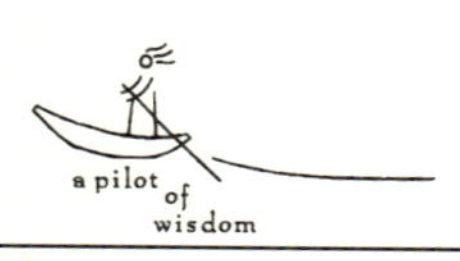

デジタル・ポピュリズム 操作される世論と民主主義	福田 直子
戦後と災後の間――溶融するメディアと社会	吉見 俊哉
「定年後」はお寺が居場所	星野 哲
ルポ 漂流する民主主義	真鍋 弘樹
ルポ ひきこもり未満	池上 正樹
中国人のこころ 「ことば」からみる思考と感覚	小野 秀樹
わかりやすさの罠 池上流「知る力」の鍛え方	池上 彰
メディアは誰のものか――「本と新聞の大学」講義録	一色 清／姜 尚中 ほか
京大的アホがなぜ必要か	酒井 敏
天井のない監獄 ガザの声を聴け！	清田 明宏
限界のタワーマンション	榊 淳司
日本人は「やめる練習」がたりてない	野本 響子
俺たちはどう生きるか	大竹まこと
「他者」の起源 ノーベル賞作家のハーバード連続講演録	トニ・モリスン
言い訳 関東芸人はなぜM-1で勝てないのか	ナイツ 塙 宣之
自己検証・危険地報道	安田純平 ほか
都市は文化（アート）でよみがえる	大林 剛郎
「言葉」が暴走する時代の処世術	太田 光／山極 寿一
性風俗シングルマザー	坂爪 真吾
美意識の値段	山口 桂
ストライキ2.0 ブラック企業と闘う武器	今野 晴貴
香港デモ戦記	小川 善照
ことばの危機 大学入試改革・教育政策を問う	東京大学文学部広報委員会・編
国家と移民 外国人労働者と日本の未来	鳥井 一平
LGBTとハラスメント	神谷 悠一／松岡 宗嗣
変われ！ 東京 自由で、ゆるくて、閉じない都市	隈 研吾／清野 由美
東京裏返し 社会学的街歩きガイド	吉見 俊哉
人に寄り添う防災	片田 敏孝
プロパガンダ戦争 分断される世界とメディア	内藤 正典
イミダス 現代の視点2021	イミダス編集部・編
中国法 「依法治国」の公法と私法	小口 彦太
福島が沈黙した日 原発事故と甲状腺被ばく	榊原 崇仁
女性差別はどう作られてきたか	中村 敏子
原子力の精神史――〈核〉と日本の現在地	山本 昭宏

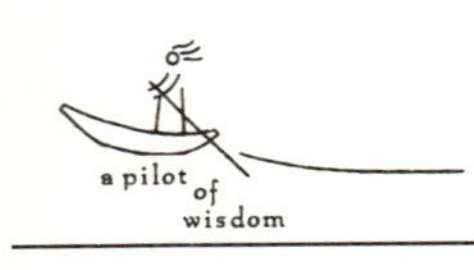

集英社新書　好評既刊

私が愛した映画たち
吉永小百合　取材・構成／立花珠樹　0922-F
出演作品一二〇本、日本映画の最前線を走り続ける大女優が、特に印象深い作品を自選し語り尽くした一冊。

TOEIC亡国論
猪浦道夫　0923-E
TOEICのせいで間違った英語教育を受けている日本人に向けて大胆かつ具体的な身になる学習法を解説。

スマホが学力を破壊する
川島隆太　0924-I
七万人の子供を数年間調査してわかったスマホ長時間使用のリスクと成績への影響。全保護者必読の一冊！

「東北のハワイ」は、なぜV字回復したのか　スパリゾートハワイアンズの奇跡
清水一利　0925-B
東日本大震災で被害を受け利用客が激減した同社がなぜ短期間で復活できたのか？　その秘密を解き明かす。

人工知能時代を〈善く生きる〉技術
堀内進之介　0926-C
技術は生活を便利にする一方で、疲れる世の中に変えていく。こんな時代をいかに〈善く生きる〉かを問う。

大統領を裁く国　アメリカ　トランプと米国民主主義の闘い
矢部　武　0927-A
ニクソン以来の大統領弾劾・辞任はあるか？　この一年の反トランプ運動から米国民主主義の健全さを描く。

国体論　菊と星条旗
白井　聡　0928-A
自発的な対米従属。その呪縛の謎を解く鍵は「国体」の歴史にあった。天皇制とアメリカの結合を描いた衝撃作。

村の酒屋を復活させる　田沢ワイン村の挑戦
玉村豊男　0929-B
「過疎の村」になりかけていた地域が、酒屋復活プロジェクトを通じて再生する舞台裏を描く。

体力の正体は筋肉
樋口　満　0930-I
体力とは何か、体力のために筋肉はなぜ重要なのか、体を鍛えるシニアに送る体力と筋肉に関する啓蒙の書。

広告が憲法を殺す日　国民投票とプロパガンダCM
本間　龍／南部義典　0931-A
憲法改正時の国民投票はCM流し放題に。その結果どんなことが起こるかを識者が徹底シミュレーション！